JN075259

子ども・子育て支援施策に関するこれまでの取り組み

少子化対策のなかで進められてきた子ども・子育て支援施策では、さまざまな法律やプラン、大綱などがそれぞれの時代の状況を反映しつつ、国により継続的に策定されてきた。近年は、親世代の働き方の変化や社会全体の社会保障政策と関連させたものとなっている。

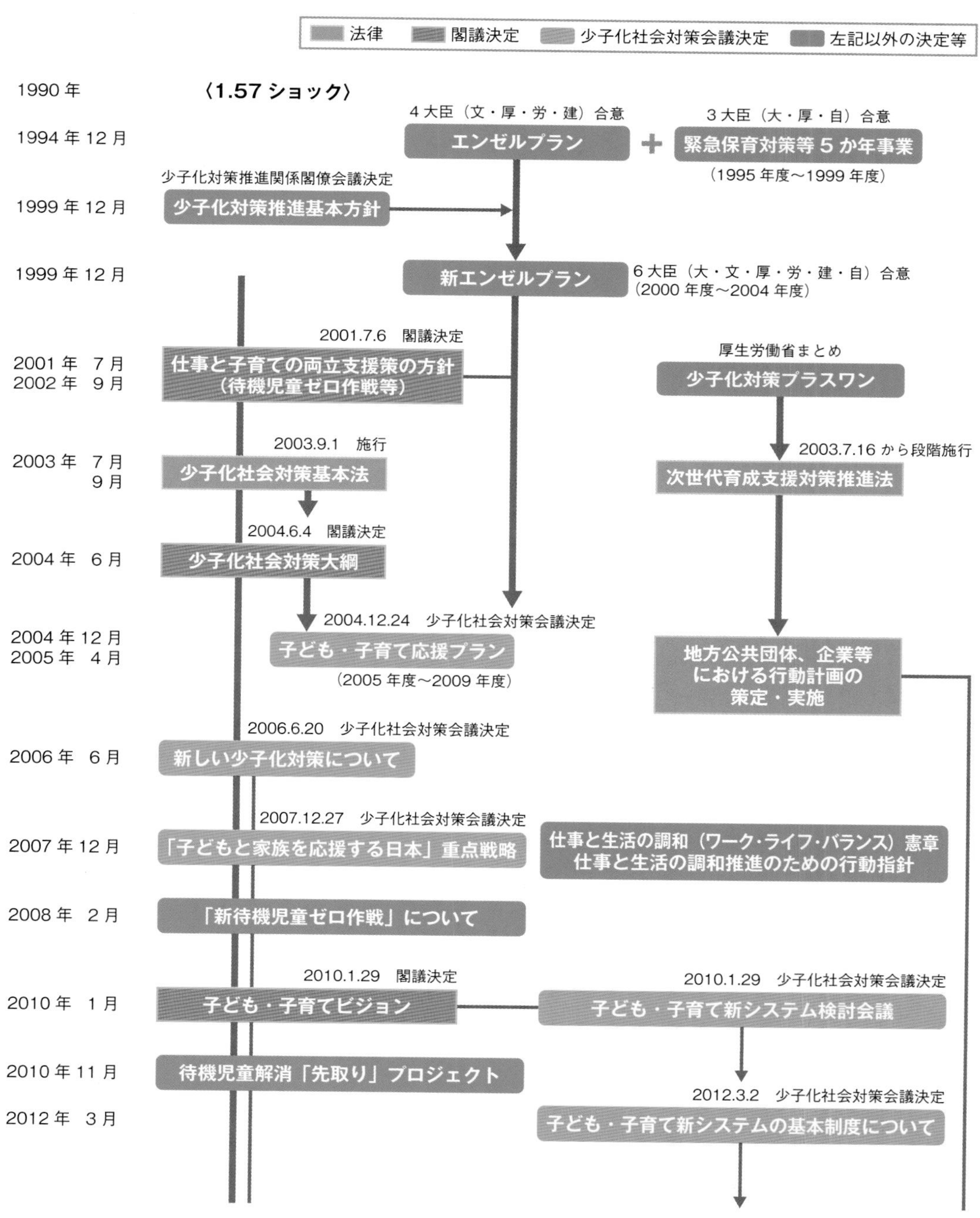

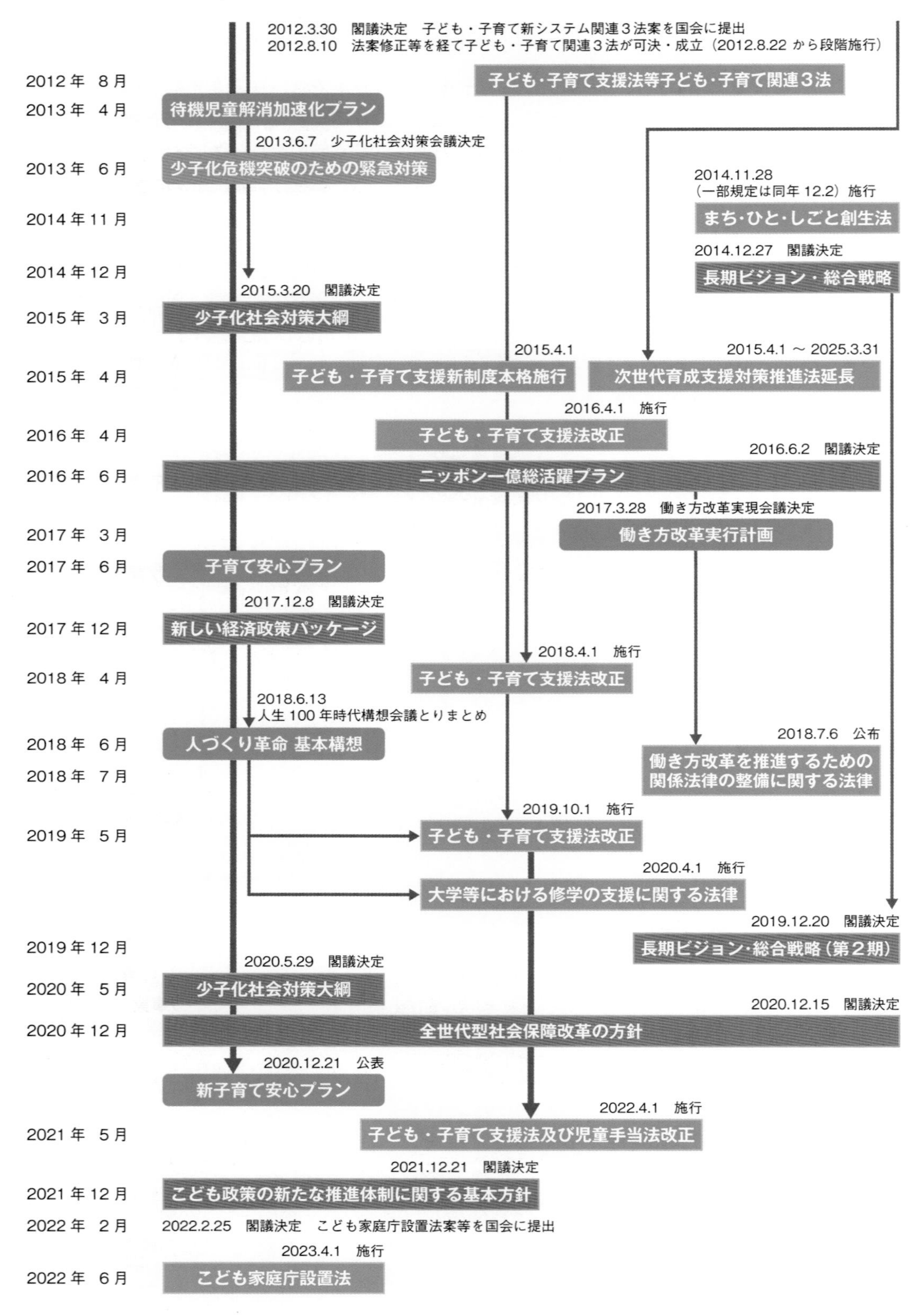
2012.3.30　閣議決定　子ども・子育て新システム関連３法案を国会に提出
2012.8.10　法案修正等を経て子ども・子育て関連３法が可決・成立（2012.8.22 から段階施行）
2012 年　8 月
子ども·子育て支援法等子ども·子育て関連３法
2013 年　4 月
待機児童解消加速化プラン
2013.6.7　少子化社会対策会議決定
2013 年　6 月
少子化危機突破のための緊急対策
2014.11.28
（一部規定は同年 12.2）施行
2014 年 11 月
まち·ひと·しごと創生法
2014.12.27　閣議決定
2014 年 12 月
長期ビジョン・総合戦略
2015.3.20　閣議決定
2015 年　3 月
少子化社会対策大綱
2015.4.1
2015.4.1 ～ 2025.3.31
2015 年　4 月
子ども・子育て支援新制度本格施行
次世代育成支援対策推進法延長
2016.4.1　施行
2016 年　4 月
子ども・子育て支援法改正
2016.6.2　閣議決定
2016 年　6 月
ニッポン一億総活躍プラン
2017.3.28　働き方改革実現会議決定
2017 年　3 月
働き方改革実行計画
2017 年　6 月
子育て安心プラン
2017.12.8　閣議決定
2017 年 12 月
新しい経済政策パッケージ
2018.4.1　施行
2018 年　4 月
子ども・子育て支援法改正
2018.6.13
人生 100 年時代構想会議とりまとめ
2018 年　6 月
人づくり革命 基本構想
2018.7.6　公布
2018 年　7 月
働き方改革を推進するための
関係法律の整備に関する法律
2019.10.1　施行
2019 年　5 月
子ども・子育て支援法改正
2020.4.1　施行
大学等における修学の支援に関する法律
2019.12.20　閣議決定
2019 年 12 月
長期ビジョン·総合戦略（第２期）
2020.5.29　閣議決定
2020 年　5 月
少子化社会対策大綱
2020.12.15　閣議決定
2020 年 12 月
全世代型社会保障改革の方針
2020.12.21　公表
新子育て安心プラン
2022.4.1　施行
2021 年　5 月
子ども・子育て支援法及び児童手当法改正
2021.12.21　閣議決定
2021 年 12 月
こども政策の新たな推進体制に関する基本方針
2022 年　2 月
2022.2.25　閣議決定　こども家庭庁設置法案等を国会に提出
2023.4.1　施行
2022 年　6 月
こども家庭庁設置法

出典：内閣府『令和４年版少子化社会対策白書』p.49，2022 をもとに作成。

地域子ども・子育て支援事業の概要

地域子ども・子育て支援事業とは、市町村が地域の実情に応じ、市町村子ども・子育て支援事業計画に基づいて実施する事業で、子ども・子育て支援法に規定されている。近年は、子どもや保護者だけではなく、子育て支援サービス提供者に対する支援なども行われている。規定された 13 事業以外にも、さらに幅広い年代やニーズに対応するための子育て支援事業が整備されつつある。

事業名	概要
利用者支援事業	子どもまたはその保護者の身近な場所で、教育・保育施設や地域の子育て支援事業等の情報提供および必要に応じて相談・助言等を行うとともに、関係機関との連絡調整等を実施する事業
地域子育て支援拠点事業	乳幼児およびその保護者が相互の交流を行う場所を開設し、子育てについての相談、情報の提供、助言その他の援助を行う事業
妊婦健康診査	妊婦の健康の保持および増進を図るため、妊婦に対する健康診査として、①健康状態の把握、②検査計測、③保健指導を実施するとともに、妊娠期間中の適時に必要に応じた医学的検査を実施する事業
乳児家庭全戸訪問事業	生後４か月までの乳児のいるすべての家庭を訪問し、子育て支援に関する情報提供や養育環境等の把握を行う事業
養育支援訪問事業	養育支援が特に必要な家庭に対して、その居宅を訪問し、養育に関する指導・助言等を行うことにより、当該家庭の適切な養育の実施を確保する事業 ●**子どもを守る地域ネットワーク機能強化事業（その他要保護児童等の支援に資する事業）** 要保護児童対策協議会（子どもを守る地域ネットワーク）の機能強化を図るため、調整機関職員やネットワーク構成員（関係機関）の専門性強化と、ネットワーク機関間の連携強化を図る取り組みを実施する事業

事業名	概要
子育て 短期支援事業	保護者の疾病等の理由により家庭において養育を受けることが一時的に困難となった児童について、児童養護施設等に入所させ、必要な保護を行うとともに、当該保護者への支援を行う事業
ファミリー・サポート・センター事業 （子育て援助活動支援事業）	乳幼児や小学生等の児童を有する子育て中の保護者を会員として、児童の預かり等の援助を受けることを希望する者と、当該援助を行うことを希望する者との相互援助活動に関する連絡、調整を行う事業
一時預かり事業	家庭において保育を受けることが一時的に困難となった乳幼児や、子育てにかかる保護者の負担を軽減するため、一時的に預かることが望ましいとされた乳幼児について、主として昼間において、認定こども園、幼稚園、保育所、地域子育て支援拠点その他の場所で一時的に預かり、必要な保護を行う事業 ※幼稚園が行う預かり保育は、一時預かり事業（幼稚園型）に再編
延長保育事業	保育認定を受けた子どもについて、通常の利用日および利用時間以外の日および時間において、認定こども園、保育所等で保育を実施する事業
病児保育事業	病児について、病院・保育所等に付設された専用スペース等において、看護師等が一時的に保育等を実施する事業
放課後児童クラブ （放課後児童健全育成事業）	保護者が労働等により昼間家庭にいない小学校に就学している児童に対し、授業の終了後に小学校の余裕教室、児童館等を利用して適切な遊びおよび生活の場を与えて、その健全な育成を図る事業
実費徴収に係る 補足給付を行う事業	保護者の世帯所得の状況等を勘案して、特定教育・保育施設等に対して保護者が支払うべき日用品、文房具その他の教育・保育に必要な物品の購入に要する費用または行事への参加に要する費用等を助成する事業
多様な事業者の 参入促進・ 能力活用事業	多様な事業者の新規参入を支援するほか、特別な支援が必要な子どもを受け入れる認定こども園の設置者に対して、必要な費用の一部を補助する事業

注 1：下線部は 2024（令和 6）年 4 月施行。
注 2：児童福祉法上では「子育て世帯訪問支援事業」「児童育成支援拠点事業」「親子関係形成支援事業」という新たな事業が規定されている（2024（令和 6）年 4 月施行）。
出典：内閣府・文部科学省・厚生労働省『子ども・子育て支援新制度ハンドブック（平成 27 年 7 月改訂版）』pp.17 ～ 18，2015 をもとに作成。

子ども家庭支援論

第2版

新 基本保育シリーズ 5

監修
公益財団法人
児童育成協会

編集
松原 康雄
村田 典子
南野 奈津子

中央法規

新・基本保育シリーズ

第2版刊行にあたって

保育所がお預かりしているものは「命」です。そしてその命は「日本の未来」です。私たちは、子どもの最善の利益と最大の発達を保護者とともに守り育んでいくことが使命です。そのためにはすべての子どもが、生涯にわたる人格形成の基礎を築き、自律し、自立した個人として楽しみながら健やかに成長することができること、それがどのような環境におかれている子どもにも等しく保障されることが活動に反映されなければなりません。

また、私たちは保育事業の専門家として、日々の活動が独断と偏見に陥らないように科学的視点に立って、省察的に振り返りながら実践することが欠かせません。そのためには、私たちがめざすものが学問的・社会的に承認を受けた最新の指標に基づいていることを常に確認しながらの保育でなければなりません。

前回の改訂（2019（平成31）年）以降、「保育・幼児教育」の根幹をなす重要事項の改正はありませんが、教授内容に関連する法制度やガイドライン等の改正、主要な統計の更新・新規公表などが行われています。主なものを以下に列挙します。

・法制度としては、児童福祉法、児童虐待防止法、子ども・子育て支援法、こども基本法など。

・国の方針やガイドラインとしては、保育所における自己評価ガイドライン、少子化社会対策大綱、日本人の食事摂取基準、授乳・離乳支援ガイド、食育推進基本計画、保育所におけるアレルギー対応ガイドラインなど。

・その他、子ども関連・社会的養育関連の統計更新、こども家庭庁の創設など。

これらをふまえ、以下の4巻を改訂することにいたしました。

第3巻　子ども家庭福祉（講義科目）、第4巻　社会福祉（講義科目）

第5巻　子ども家庭支援論（講義科目）、第6巻　社会的養護Ⅰ（講義科目）

本シリーズは、2018（平成30）年、新たに制定された保育士養成課程の教科目の教授内容に準拠し、保育者に必要な基礎知識の習得を基本に、学生の皆さんが理解しやすく、自ら考えることを重視した視点で作成しています。また、構成は養成校での講義を想定した講立てになっており、使いやすさにも配慮しました。

本シリーズが、保育者養成の現場や保育者をめざす学生の皆さんに広く活用されることをこころより祈念しております。

公益財団法人　児童育成協会

新・基本保育シリーズ
刊行にあたって

認可保育所を利用したくても利用できない、いわゆる「保育所待機児童」は、依然として社会問題になっています。国は、その解消のために「子育て安心プラン」のなかで、保育の受け皿の拡大について大きく謳っています。まず、2020年度末までに全国の待機児童を解消するため、東京都ほか意欲的な自治体への支援として、2018年度から2019年度末までの２年間で必要な受け皿約22万人分の予算を確保するとしています。さらに、女性就業率80％に対応できる約32万人分の受け皿整備を、2020年度末までに行うこととしています。

子育て安心プランのなかの「保育人材確保」については、保育補助者を育成し、保育士の業務負担を軽減するための主な取り組みとして、次の内容を掲げています。

・処遇改善を踏まえたキャリアアップの仕組みの構築
・保育補助者から保育士になるための雇上げ支援の拡充
・保育士の子どもの預かり支援の推進
・保育士の業務負担軽減のための支援

また、保育士には、社会的養護、児童虐待を受けた子どもや障害のある子どもなどへの支援、保護者対応や地域の子育て支援など、ますます多様な役割が求められており、保育士の資質および専門性の向上は喫緊の課題となっています。

このような状況のなか、2017（平成29）年３月の保育所保育指針、幼稚園教育要領、幼保連携型認定こども園教育・保育要領の改定・改訂、2018（平成30）年４月の新たな保育士養成課程の制定を受け、これまでの『基本保育シリーズ』を全面的に刷新し、『新・基本保育シリーズ』として刊行することになりました。

本シリーズは、2018（平成30）年４月に新たに制定された保育士養成課程の教科目の教授内容等に準拠し、保育士や幼稚園教諭など保育者に必要な基礎知識の習得を基本に、学生が理解しやすく、自ら考えることにも重点をおいたテキストです。さらに、養成校での講義を想定した目次構成になっており、使いやすさにも配慮しました。

本シリーズが、保育者養成の現場で、保育者をめざす学生に広く活用されることをこころから願っております。

公益財団法人　児童育成協会

はじめに

2015（平成27）年４月に施行された「子ども・子育て支援新制度」は、保育をめぐる状況を大きく変化させた。保育所の利用児童数は０～２歳児を中心に大幅に増加し、子育てをめぐる地域や家庭の状況も変化している。核家族化の進行や地域のつながりの希薄化によって、日々の子育てに対する支援や協力が得にくい状況となり、就労の有無にかかわらず、子育ての負担や不安、孤立感が高まって、児童虐待の相談件数も年々増加し、大きな社会問題になっている。

このように保育を取り巻く社会情勢が大きく変化するなかで、2017（平成29）年３月、幼稚園教育要領、保育所保育指針、幼保連携型認定こども園教育・保育要領が改訂（定）され、年齢層ごとに保育のねらいおよび内容の明確化、幼児教育の積極的な位置づけ、養護に関する基本的事項の明記、職員の資質・専門性の向上等が盛り込まれた。

そしてこの状況をふまえ、2017（平成29）年12月、今後の保育士に必要とされる専門的知識および技術を念頭に、「保育士養成課程等の見直しについて～より実践力のある保育士の養成に向けて～」が発表された。

今回の保育士養成課程では、保育を取り巻く社会情勢の変化をふまえたより実践力のある保育士の養成に向けて、①乳児保育の充実、②幼児教育を行う施設としての保育の実践、③「養護」の視点をふまえた実践力の向上、④子どもの育ちや家庭への支援の充実、⑤社会的養護や障害児保育の充実、⑥保育者としての資質・専門性の向上の観点から、関連する教科目の名称や教授内容等について検討され、具体的な見直しが行われたのである。

本巻は「子どもの育ちや家族への支援を充実」させる観点から、保育士による子育て家庭の支援に必要とされる知識の基礎的理解を促進するため、「相談援助」と「保育相談支援」の目標および教授内容のうち、子ども家庭支援の基本となる事項について、現行の「家庭支援論」の教授内容等と統合し、新たに「子ども家庭支援論」として集約・整理したものである。

本巻では、子どもとその家庭の理解を深め、子育て家庭への支援に関する保育士としての基本姿勢や支援の内容、そしてそれを実践するための方法、技術等について取り上げている。また子育て家庭への支援については、社会的養護における家庭や保護者への支援についても取り上げている。

第２版の刊行にあたっては、2022（令和４）年に改正された児童福祉法（2024（令和６）年４月全面施行）を中心に、子どもや子育て家庭に関する最新の内容を盛り込んだ。

これらの学習を通じて、保育の現場で働く者が「家庭」を理解し、子どもの生活環境や生活状況の多様性を理解しつつ、子どもの最善の利益を尊重した柔軟な支援を行っていける力を養っていただければ幸いである。

2022年12月

松原康雄・村田典子・南野奈津子

本書の特徴

- 3Stepによる内容構成で、基礎から学べる。
- 国が定める養成課程に準拠した学習内容。
- 各講は見開きで、見やすく、わかりやすい構成。

Step2

少子化社会対策と子育て支援

少子化の状況

日本は少子化傾向に歯止めがかからない。出生数では、2014（平成26）年は100万3539人と8年連続減少し、2015（平成27）年は若干増加したものの、2016（平成28）年には97万6978人であり、2021（令和3）年には81万1622人と100万人を割る出生数となっている。

第二次世界大戦後、1947（昭和22）～1949（昭和24）年に、日本は第1次ベビーブーム期を経験することになった。平和な時代の到来に対する安心感、敗戦後の復興を担う次世代への期待がベビーブームを引き起こした。このベビーブーム期に生まれた女性が出産期を迎える1971（昭和46）～1974（昭和49）年には第2次ベビーブームとなり、1年間に200万人を超える出生数があった。

しかし、第2次ベビーブーム世代が出産期を迎えた2001（平成13）年前後には、第3次ベビーブームは出現しなかった。むしろ、この時期から出生数や合計特殊出生率（「15歳から49歳までの女性の年齢別出生率を合計したもの」で、1人の女性がその年齢別出生率で一生の間に産むとしたときの子どもの数に相当する数値）でも、将来的に人口数を維持する数値を割り込む状況となっている。ここ数年は、総人口数でみても減少傾向がみられる。政府も、少子高齢社会、最近では超少子高齢化社会とも呼称される状況について危機感を抱き、子育て支援を含む施策の立案、実施を行っている。

みあっているために、1つ
期的な評価ではなく、長期

的負担感の増大、子育てに
。ライフスタイルの変化で
性の就労率の上昇、子育て
の選好にゆだねられるべき
るものもある。男女を通じ
までも取り組まれてきた。
大が主たる要因となってい

Step1

基本的な学習内容

保育者として必ず押さえておきたい
基本的な事項や特に重要な内容を学ぶ

Step1

Step1 Step2 Step3

子ども家庭支援の意義

子ども家庭支援の位置づけ

図表1－1は、子どもの養育について家族と地域社会との役割を示したものである。家族は子どもを育てる「場」であるが、家族だけでは役割を果たすことはできない。家族による養育を支えるのは、子ども家庭福祉における子育て支援だけではない。教育や保健医療等、多様な領域の施策が、家族による子育てを支えている。外部支援が果たす役割は、時代や社会経済的背景によって異なる。例えば、義務教育が導入された時期をとっても各国によって大きなへだたりがある。給食の実施などは社会経済状況が影響を与えていることからもわかる。

また、公的な制度ではなく、多様な民間活動やこれらを下支えする地域社会の理解も必要となる。なお、家族には子どもの兄弟姉妹や、世帯によっては親族も含まれる。またひとり親世帯による養育も1つの形態ととらえることから、本講では子どもの養育を担う者、すなわち養育者への支援を子育て支援として位置づけ、子ども自身への直接的支援も記述する。

図表1-1 家族・地域社会と子どもの養育

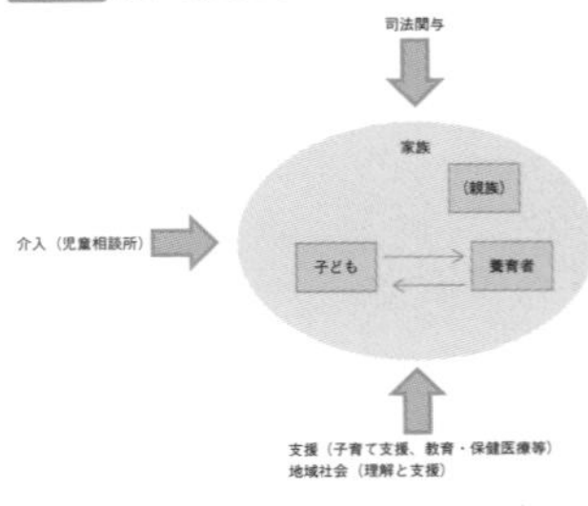

介入と司法関与

図表1－1では、介入と司法関与が示されている。これらは、家族が子どもの養育を放棄している場合や、子ども自身の行動が家族による管理を超えてしまう場合の社会側からの関与を示している。例えば、児童虐待や子どもの反社会的行為への対応などが例となる。

子育て支援は、原則として家族に利用希望や意志があることを前提としているため、利用申し込みがなければ支援は提供されない。子どもは、成長発達過程にある存在であるから、年齢や発達状況によって必要な支援を自ら求めることができない場合がある。そのため、必要とされる支援を家族が利用しようとしない、あるいは拒否する場合には行政が利用をうながし、利用について同意を得ていく場合がある。このようなプロセスを経て、家族にかかわる状況を「介入」として分類することができる。

さらに、子どもの行為が少年法や刑法に触れるものであれば、本人の意志にかかわりなく少年司法によるかかわりがなされる場合がある（少年院への収容など）。このような状況を「司法関与」と分類することができる。また、「介入」が親権者の同意を得られない場合、それでも援助を提供することが適切であるかを家庭裁判所に求める場合の「司法関与」もある。

子育て支援の範囲

子育て支援は、多岐にわたる内容を有している。現在は、子ども・子育て支援新制度（以下、新制度）がその大枠を示している。ただし、その運用や内容は変化してきているといってよいだろう。新制度に組み込まれている一時預かりを例にとると、一時預かり制度自体が歴史の浅いものであるが、利用要件の変遷をみると、親の疾病や冠婚葬祭に加えて、レスパイトなども加えられてきている。また、実施保育所に子どもを預けることが基本であるが、保護者の自宅に保育者がおもむいて実施するケースや、自治体によっては、保育者が当該家庭に訪問し、子どもを子育てひろば等に連れ出すような方式が選択肢のなかに含まれているケースもある。最近では、食事の宅配や、妊娠ステージや子どもの月齢・年齢に合わせた個別のメール配信など、これまでにはなかった形態での子育て支援も開始されてきている。また、子どもの年齢層も乳幼児中心であった子育て支援が、放課後児童対策が枠組みに入ってきており、対象学年も小学校3年生までから6年生までに拡大されるなどしてきている。「健全育成」施策として分類されてきた施策も、学習支援や子ども食

第1講 子ども家庭支援の意義と必要性

2

3

Step3

Step1 Step2 Step3

子育て支援の意義を高めるポイント

地域間格差の解消

子育て支援は、子ども・子育て支援新制度を基軸にして、多様な施策が実施されているほか、各地域で独自の施策や民間活動が展開されている。しかし、子ども・子育て支援新制度に含まれる事業であっても、未実施の自治体が存在することも事実である。また、保育事業のように、全国的に実施されているものであっても、待機児童をなかなか解消できない自治体がある一方で、定員割れを引き起こしている保育所がいくつも存在する自治体もある。保育料についても、国が定める基準はあるものの、自治体によって異なる場合がある。妊婦健診費用負担や放課後児童対策の費用負担なども自治体によって異なる。市場価格と異なり、保育料が高いことが質の高い保育を保障しているわけではない。子どもにとって望ましい保育は、保育者の採用や養成、円滑な世代交代、勤務しやすい職場づくりなどに起因するところであり、平準化された保育を提供することも課題となっている。

自治体独自の事業は、隣接自治体であっても利用できないために、転居によって新たな支援が受けられる場合もあるが、逆に利用できなくなる場合も存在する。また、同一の支援事業であっても利用可能となる要件などに地域間格差が存在することは、一時預かりの利用要件、延長保育の利用開始時間や終了時間などをみても明らかである。子育て支援の意義や必要性が確認されるのであれば、支援を提供する社会資源の種類や量の格差は早急に解消されていくべき課題である。

利便性の向上

しかしそれらは、実際に利
支援事業は、その多くが養
制度の周知を促進するとと
便性向上には2つの課題が
拠点事業は、実施箇所でみ
が不便な場合がある。病児
施施設に子どもを預けるこ

の実現である。多くの自治
利用者支援事業を担う窓口

も情報提供や利用相談にとどまる場合が多い。インターネットでの利用申し込みが可能な場合もあるが、これも自治体によって異なることが多く、各事業ごとに氏名や要件確認を行う必要がある。一時預かりも要件や料金が明示されていない場合や、養育者が実施施設に直接電話をして空き状況を確認する必要がある場合、数施設問い合わせて利用ができなければそれ以上の問い合わせをせず当日の利用をあきらめるだけではなく、次回も利用の問い合わせを見送ることにもつながってしまう。

子育て支援事業を高齢者の生活支援と比較した場合、ケアマネジャーのように、支援者側が自宅に訪問し、支援メニューを組み立てる支援ではないために、利便性が低いといえるであろう。ワンストップの窓口を設置している自治体もあり、このような事例が増えていくことが望まれる。

新たな施策の開発

子育てに関するニーズは、時代とともに変化する。常に養育者や子どもの「声」を聴きながら施策の改善を図るとともに、新たなニーズに対応する施策の開発を図っていく必要がある。最近では、子ども食堂や学習支援をその例としてあげることができる。ここでは、今後着目すべき課題を2つあげておきたい。

近年、外国籍の家族が増えるなかで、彼らを地域のなかに包摂し、子育て家庭の支援を行うことが求められている。母国の文化や言語を尊重しながら、日本で子育てを遂行していくために必要な知識や習慣を伝えていくだけではなく、彼らから子育てについて学ぶという姿勢で支援施策が検討される必要がある。また、障害をもった子どもが地域で成長発達していくために、専門的知識や技術だけではなく、日常生活レベルでの支援の開発も必要となるだろう。

2022（令和4）年6月、児童福祉法、母子保健法の改正がなされた。子育てに困難をかかえる世帯がこれまで以上に顕在化している状況等をふまえ、子育て世帯に対する包括的な支援のための体制強化等を行うという趣旨のものである。

また、同年同月には「こども家庭庁設置法」が成立し、内閣府に「こども家庭庁」が創設され、子どもと家庭を一貫して所管するシステムも構築された（2023（令和5）年4月施行）。

改正の多くは2023（令和5）年、2024（令和6）年から施行されるものであり、改正の実効性をもたらすためにも、社会的な関心の高まりと、子ども・子育て家庭支援にたずさわる関係者の社会的発信が期待される。

第1講 子ども家庭支援の意義と必要性

11

Step1 Step2 Step3

る。この点については、授業料の無償化や、就学前教育・保育料の負担軽減が図られてきているところであるが、近年の経済格差の拡大によって、公教育以外の教育費への負担感が増大する世帯もある。ライフスタイルの変化は経済的負担にも影響しており、衣服や玩具について、「贅沢」という意識を凌駕して、商業文化が子育て世代に浸透している。この状況も、単純に「昔遊びに戻るべき」「子どもにむやみにものを買い与えるべきではない」といった批判だけでは対応しきれない現実がある。

子育てに関する不安は、2種類に分類できる。1つは、子どもが将来どのように成人していくのかに対する不安であり、もう1つは自分自身の子育てが適切なものであるかに対する不安である。この2つの不安は相互に関連しており、子どもが被害者だけではなく加害者にもなりうる社会状況や、いつ不登校などの課題に直面するかも定かではないなかで、支援に関する認知が十分でない場合や、地域社会の偏見が予想される場合には、子どもの養育を躊躇することも想定できる。

地域社会の変化も、養育者に不安感や心理的負担感をもたらしている。顔と名前が一致する近隣関係が希薄化する都市部、周囲に同年代の子どもを養育する家族の減少が顕著な非都市部とも、日常生活のなかで子育てを支援することや見守る環境を弱体化させている。子どもがむずかり泣くと、周囲から冷たい目で見られる。不審者情報に不安になる。子ども110番の家はあるが、誰が住んでいるかわからない。保育所や幼稚園に通園しないと、同年代の子どもやその養育者と出会うことがない。買い物も車で大規模店舗に出かけてしまうので、知り合いと一緒に買い物をすることや立ち話の経験がないなどが生活状況の一例となる。

都市部・非都市部共通の不安は、日常的な交流が減少してきていることに由来する。「向こう三軒両隣」が密にかかわる関係は、近隣住民が避けはじめているといってよいだろう。「昔に戻れ」と言っても、価値観の押しつけとなってしまう。このような地域状況では、子育てにかかわる知識や知恵の伝承は困難であり、育児書やインターネットから情報を収集し、判断するという、情報リテラシーを養育者が単独で求められる状況にある。

子育て支援の効果

政府が展開する子ども・子育て支援新制度は、基本的に日々の子育てニーズに対応するものであり、保育所、幼稚園、認定こども園は日々の子どもの預かりを提供している。これに加えて、新制度は13の地域子ども・子育て支援事業を規定している。このなかには、一時預かり事業、病児保育事業、延長保育事業のように就学前

第1講 子ども家庭支援の意義と必要性

7

Step3

発展的な学習内容

近年の動向、関連領域の知識など、
発展的な内容を学ぶ

Step2

基本を深めた学習内容

Step1をふまえ、より詳しい内容、
多様化する保育者の役割、
児童福祉や教育との関連などを学ぶ

保育士養成課程――本書の目次
対応表

指定保育士養成施設の修業教科目については国で定められており、養成課程を構成する教科目については、通知「指定保育士養成施設の指定及び運営の基準について」（平成15年雇児発第1209001号）において、その教授内容が示されている。

本書は保育士養成課程における「教科目の教授内容」に準拠しつつ、授業で使いやすいよう全15講に目次を再構成している。

子ども家庭支援論「教科目の教授内容」	本書の目次
1．子ども家庭支援の意義と役割	
(1)子ども家庭支援の意義と必要性	第1講　子ども家庭支援の意義と必要性
(2)子ども家庭支援の目的と機能	第2講　子ども家庭支援の目的と機能
2．保育士による子ども家庭支援の意義と基本	
(1)保育の専門性を活かした子ども家庭支援とその意義	第3講　子育て支援施策・次世代育成支援施策の推進
(2)子どもの育ちの喜びの共有	第4講　子育て家庭の福祉を図るための社会資源
(3)保護者及び地域が有する子育てを自ら実践する力の向上に資する支援	第5講　保育の専門性を活かした子ども家庭支援とその意義
(4)保育士に求められる基本的態度（受容的関わり・自己決定の尊重・秘密保持等）	第6講　子どもの育ちの喜びの共有
(5)家庭の状況に応じた支援	第7講　保護者および地域が有する子育てを自ら実践する力の向上に資する支援
(6)地域の資源の活用と自治体・関係機関等との連携・協力	第8講　保育士に求められる基本的態度
3．子育て家庭に対する支援の体制	
(1)子育て家庭の福祉を図るための社会資源	第9講　家庭の状況に応じた支援
(2)子育て支援施策・次世代育成支援施策の推進	第10講　地域の資源の活用と自治体・関係機関等との連携・協力
4．多様な支援の展開と関係機関との連携	
(1)子ども家庭支援の内容と対象	第11講　子ども家庭支援の内容と対象
(2)保育所等を利用する子どもの家庭への支援	第12講　保育所等を利用する子どもの家庭への支援
(3)地域の子育て家庭への支援	第13講　地域の子育て家庭への支援
(4)要保護児童等及びその家庭に対する支援	第14講　要保護児童およびその家庭に対する支援
(5)子ども家庭支援に関する現状と課題	第15講　子育て支援に関する課題と展望

CONTENTS

第4講 子育て家庭の福祉を図るための社会資源

第5講 保育の専門性を活かした子ども家庭支援とその意義

第6講 子どもの育ちの喜びの共有

第7講 保護者および地域が有する子育てを自ら実践する力の向上に資する支援

第8講 保育士に求められる基本的態度

第9講 家庭の状況に応じた支援

第13講　地域の子育て家庭への支援

第14講　要保護児童およびその家庭に対する支援

第15講　子育て支援に関する課題と展望

第1講

子ども家庭支援の意義と必要性

1989年に国連総会で採択され、1994年に日本も批准した「児童の権利に関する条約」は、その前文で子どもが育つためには家族が必要であり、家族が養育の役割を果たせるよう、社会は多様な支援を行う必要があるとしている。

本講では、家族による子育てを支援する制度や民間活動の概要を解説するとともに、それらを提供する意味や効果を明らかにしていく。なお、家族とはどのような機能を備えているかについては、第2講で学習を深めることとする。

Step 1

子ども家庭支援の意義

子ども家庭支援の位置づけ

図表１－１は、子どもの養育について家族と地域社会との役割を示したものである。家族は子どもを育てる「場」であるが、家族だけでは役割を果たすことはできない。家族による養育を支えるのは、子ども家庭福祉における子育て支援だけではない。教育や保健医療等、多様な領域の施策が、家族による子育てを支えている。外部支援が果たす役割は、時代や社会経済的背景によって異なる。例えば、義務教育が導入された時期をとっても各国によって大きなへだたりがある。給食の実施などは社会経済状況が影響を与えていることからもわかる。

また、公的な制度ではなく、多様な民間活動やこれらを下支えする地域社会の理解も必要となる。なお、家族には子どもの兄弟姉妹や、世帯によっては親族も含まれる。またひとり親世帯による養育も１つの形態ととらえることから、本講では子どもの養育を担う者、すなわち養育者への支援を子育て支援として位置づけ、子ども自身への直接的支援も記述する。

図表1-1 家族・地域社会と子どもの養育

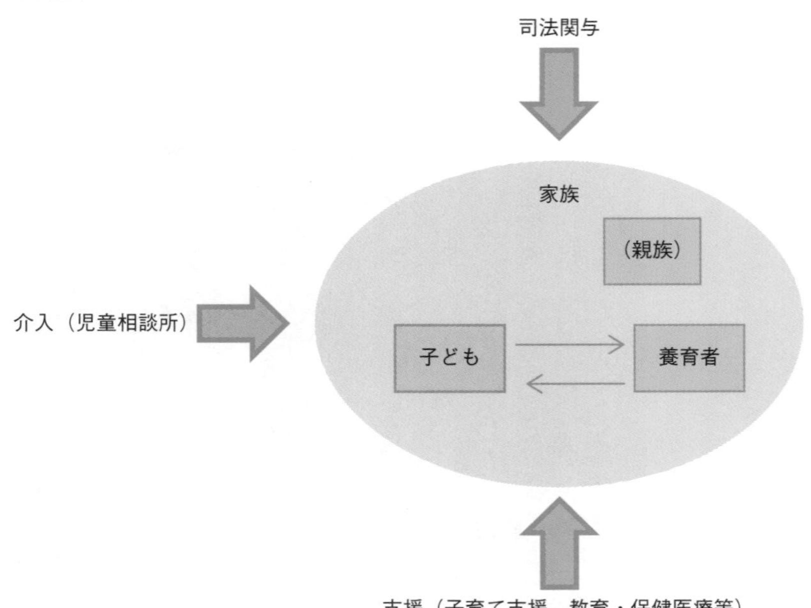

介入と司法関与

図表1-1では、介入と司法関与が示されている。これらは、家族が子どもの養育を放棄している場合や、子ども自身の行動が家族による管理を超えてしまう場合の社会側からの関与を示している。例えば、児童虐待や子どもの反社会的行為への対応などが例となる。

子育て支援は、原則として家族に利用希望や意志があることを前提としているため、利用申し込みがなければ支援は提供されない。子どもは、成長発達過程にある存在であるから、年齢や発達状況によって必要な支援を自ら求めることができない場合がある。そのため、必要とされる支援を家族が利用しようとしない、あるいは拒否する場合には行政が利用をうながし、利用について同意を得ていく場合がある。このようなプロセスを経て、家族にかかわる状況を「介入」として分類することができる。

さらに、子どもの行為が少年法や刑法に触れるものであれば、本人の意志にかかわりなく少年司法によるかかわりがなされる場合がある（少年院への収容など）。このような状況を「司法関与」と分類することができる。また、「介入」が親権者の同意を得られない場合、それでも援助を提供することが適切であるかを家庭裁判所に求める場合の「司法関与」もある。

子育て支援の範囲

子育て支援は、多岐にわたる内容を有している。現在は、子ども・子育て支援新制度（以下、新制度）がその大枠を示している。ただし、その運用や内容は変化してきているといってよいだろう。新制度に組み込まれている一時預かりを例にとると、一時預かり制度自体が歴史の浅いものであるが、利用要件の変遷をみると、親の疾病や冠婚葬祭に加えて、レスパイトなども加えられてきている。また、実施保育所に子どもを預けることが基本であるが、保護者の自宅に保育者がおもむいて実施するケースや、自治体によっては、保育者が当該家庭に訪問し、子どもを子育てひろば等に連れ出すような方式が選択肢のなかに含まれているケースもある。最近では、食事の宅配や、妊娠ステージや子どもの月齢・年齢に合わせた個別のメール配信など、これまでにはなかった形態での子育て支援も開始されてきている。また、子どもの年齢層も乳幼児中心であった子育て支援が、放課後児童対策が枠組みに入ってきており、対象学年も小学校３年生までから６年生までに拡大されるなどしてきている。「健全育成」施策として分類されてきた施策も、学習支援や子ども食堂などのように小学生から中高生まで対象とする支援も、子育て支援として位置づけることができるようになってきている。

子育てを行ううえで、家族では担いきれない機能を補完する役割を子育て支援が担うとすれば、その範囲は時代や社会経済状況によって変化するものであり、子どもや養育者のニーズに基づいた対象範囲や内容の変動を想定する必要がある。保育者は、まさに子どもや養育者に寄り添う存在として、養育者とともに、あるいは養育者のニーズを代弁する存在として、現場から現行の子育て支援の改善と新たな施策を提言していく役割を担っている。

子育て支援の担い手

子育て支援の担い手は、保健師や助産師、保育士などの専門職に加えて、子育ての先輩や民生・児童委員など、地域住民も担い手として活動している。保育の現場に従事するからこそ気づく事柄がある一方で、地域住民だからこそ気づくことができる事柄もあるという認識は、子育て支援における連携の基本となる。この連携における相互の尊重は、専門職間にとっても必要不可欠である。

保育士は、子どもの成長発達を支えるために、養育者との協働も実現していく。保育所等にあっては、それが日常業務の中軸となる。また、入所施設にあっては、養育の代替者として子どもの養育を担うことが日常業務の中軸となる。いずれの場合にも、職場内外の他専門職との連携や、職場内の同僚や先輩との協力が必要となる。保育士が「問題」をかかえ込むことは、子育て支援の進展を妨げ、ひいては子どもの権利侵害にもつながるおそれがある。

必要に応じた子育て支援とは何か、養育者の「声」を聴くことができ、ときには代弁すること、子どもの「声」や声にならないニーズを把握し、必要に応じて代弁する力をもつことが子育て支援の担い手としての保育士に求められる。

地域社会の理解

少子化の影響もあり、まだまだ量的には不足しているが、多くの子育て支援施策が実施されている。これらの施策を利用しようとするにあたって、「子どもは親が育てることが当たり前」「子育て支援は贅沢」「最近の親は楽をしすぎ」という地域社会の風潮が根強くあれば、養育者は施策の利用を躊躇し、施策は結局ないも同然のものとなってしまう。保育者の身近な例としては、一時預かりの利用があげられるだろう。親の疾病や親族や知人の葬儀などは比較的利用しやすい事由になるが、育児レスパイトが地域によって「堂々と利用しにくい」ものとなっていないか点検してみる必要がある。

仮に、地域社会の理解が十分ではないのであれば、養育者や関係職種と連携しながら、地域社会の理解を高め、子育て支援を積極的に活用しながら子育てを行っていくことができる地域風土をつくり上げていく作業も必要であろう。保育士自身の意識を変革することに加えて、職場集団の意識も変革していくことが求められる。なお、2022（令和４）年の児童福祉法等の改正により、子育てについて何らかの課題に直面する家庭への支援の充実が図られた（**図表３-２****（29ページ）参照**）。

Step 2

少子化社会対策と子育て支援

少子化の状況

日本は少子化傾向に歯止めがかからない。出生数では、2014（平成26）年は100万3539人と８年連続減少し、2015（平成27）年は若干増加したものの、2016（平成28）年には97万6978人であり、2021（令和３）年には81万1622人と100万人を割る出生数となっている。

第二次世界大戦後、1947（昭和22）～1949（昭和24）年に、日本は第１次ベビーブーム期を経験することになった。平和な時代の到来に対する安心感、敗戦後の復興を担う次世代への期待がベビーブームを引き起こした。このベビーブーム期に生まれた女性が出産期を迎える1971（昭和46）～1974（昭和49）年には第２次ベビーブームとなり、１年間に200万人を超える出生数があった。

しかし、第２次ベビーブーム世代が出産期を迎えた2001（平成13）年前後には、第３次ベビーブームは出現しなかった。むしろ、この時期から出生数や合計特殊出生率（「15歳から49歳までの女性の年齢別出生率を合計したもの」で、１人の女性がその年齢別出生率で一生の間に産むとしたときの子どもの数に相当する数値）でも、将来的に人口数を維持する数値を割り込む状況となっている。ここ数年は、総人口数でみても減少傾向がみられる。政府も、少子高齢社会、最近では超少子高齢化社会とも呼称される状況について危機感を抱き、子育て支援を含む施策の立案、実施を行っている。

少子化の要因と対応

少子化の要因は複数想定され、それぞれが複雑にからみあっているために、１つの対応策だけでは顕著（けんちょ）な効果は期待できない。また、短期的な評価ではなく、長期的な評価をしないと、その効果を測ることができない。

少子化の要因としては、ライフスタイルの変化、経済的負担感の増大、子育てに対する不安感を主たる要因としてあげることができる。ライフスタイルの変化では、第一子出産年齢の上昇、男女の働き方、とりわけ女性の就労率の上昇、子育てや生活に関する価値観の変容などが含まれており、個人の選好にゆだねられるべきものや、個人の価値観にかかわりなく選択を迫られているものもある。男女を通じた育児休業制度の拡充（かくじゅう）や取得の利便性の向上は、これまでも取り組まれてきた。

経済的負担感の増大は、子どもに対する教育費の増大が主たる要因となっている。この点については、授業料の無償化や、就学前教育・保育料の負担軽減が図られてきているところであるが、近年の経済格差の拡大によって、公教育以外の教育費への負担感が増大する世帯もある。ライフスタイルの変化は経済的負担にも影響しており、衣服や玩具について、「贅沢」という意識を凌駕(りょうが)して、商業文化が子育て世代に浸透している。この状況も、単純に「昔遊びに戻るべき」「子どもにむやみにものを買い与えるべきではない」といった批判だけでは対応しきれない現実がある。

子育てに関する不安は、２種類に分類できる。１つは、子どもが将来どのように成人していくのかに対する不安であり、もう１つは自分自身の子育てが適切なものであるかに対する不安である。この２つの不安は相互に関連しており、子どもが被害者だけではなく加害者にもなりうる社会状況や、いつ不登校などの課題に直面するかも定かではないなかで、支援に関する認知が十分でない場合や、地域社会の偏見(へんけん)が予想される場合には、子どもの養育を躊躇(ちゅうちょ)することも想定できる。

地域社会の変化も、養育者に不安感や心理的負担感をもたらしている。顔と名前が一致する近隣関係が希薄化(きはくか)する都市部、周囲に同年代の子どもを養育する家族の減少が顕著な非都市部とも、日常生活のなかで子育てを支援することや見守る環境を弱体化させている。子どもがむずかり泣くと、周囲から冷たい目で見られる。不審者情報に不安になる。子ども110番の家はあるが、誰が住んでいるかわからない。保育所や幼稚園に通園しないと、同年代の子どもやその養育者と出会うことがない。買い物も車で大規模店舗に出かけてしまうので、知り合いと一緒に買い物をすることや立ち話の経験がないなどが生活状況の一例となる。

都市部・非都市部共通の不安は、日常的な交流が減少してきていることに由来する。「向こう三軒両隣」が密にかかわる関係は、近隣住民が避けはじめているといってよいだろう。「昔に戻れ」と言っても、価値観の押しつけとなってしまう。このような地域状況では、子育てにかかわる知識や知恵の伝承は困難であり、育児書やインターネットから情報を収集し、判断するという、情報リテラシーを養育者が単独で求められる状況にある。

子育て支援の効果

政府が展開する子ども・子育て支援新制度は、基本的に日々の子育てニーズに対応するものであり、保育所、幼稚園、認定こども園は日々の子どもの預かりを提供している。これに加えて、新制度は13の地域子ども・子育て支援事業を規定している。このなかには、一時預かり事業、病児保育事業、延長保育事業のように就学前児童の日中から夜間にかけての養育を支援する事業と、子育て短期支援事業のように夜間に加えて宿泊をともなう支援、妊婦健康診査や乳児家庭全戸訪問事業のように出産前後の支援、放課後児童クラブのように学齢期の子どもの養育支援、児童虐待（ぎゃくたい）の予防や対応を目的とする子どもを守る地域ネットワーク機能強化事業や養育支援訪問事業、地域住民の相互支援を基盤とするファミリー・サポート・センター事業、地域の子育て支援の拠点となり多様な支援を展開する地域子育て支援拠点事業、また、これらの事業を中心に子育て全般の支援利用を促進するための利用者支援事業が含まれている。2022（令和４）年６月の児童福祉法等改正では、市区町村がすべての妊産婦・子育て世帯、子どもの包括的な相談支援等を行う「こども家庭センター」が設置されることになった。また、保育所等における相談体制の整備もなされることとなった（2024（令和６）年４月施行）。

子育てを支援する社会資源が増加する一方で、多くの養育者がその存在を認識していないことや、利用方法がわからないという状況があるなかで、利用者支援事業は、多様な子育て支援に養育者を結びつける「結節点＝ハブ」としての役割を果たすことが期待できる。

これらの支援は、その日や時期の養育者のニーズを満たすとともに、利用者間の交流をうながすなかで、子育てを通じた仲間づくりや、世代間交流の実現などを通じて、新たな地域住民の関係形成の軸となる活動が展開されている。地域住民の関係が希薄化する状況では、子育てだけではなく、「向こう三軒両隣」関係によらない新たな地域住民関係を構築する可能性が展望できる。

このほか、自主的な民間活動が各地で展開されている。養育者の日々の負担感や不安感の軽減、仲間づくりによる安心感の醸成（じょうせい）こそ、子育て支援事業の効果である。また、子育てに関する情報の取捨選択も、支援者からの情報提供や助言で適切な判断が可能となることも期待できる。

地域子ども・子育て支援事業における地域子育て支援拠点事業が実施するグループ活動における養育者の相互交流は、かつて存在した「公園仲間」と異なり、支援者が寄り添うことでグループ内でのいじめや人間関係でのトラブルを避けることができる。また、子どもの就園や就学時期における次の支援への橋渡しもスムーズに行うことができる。さらに、養育の経験を積むなかで、子育ての先輩として子育て支援事業にボランティアとしてかかわる事例もある。

子育て支援事業の効果は、日々の養育支援のみならず、地域関係形成、子育ての「共助」を実現していくことにある。

子どもへのかかわり

子どもへの支援は、これらの状況が整備されるなかで実施されることになる。その場合には、児童の権利に関する条約や、2016（平成28）年に改正された児童福祉法第１条に示された、子どもが権利主体であるという認識が、具体的な保育展開の基盤となる。また、権利擁護（けんりようご）という観点からは、子どもの代弁者としての機能も必要となるだろう。2023（令和５）年にはこども家庭庁が設置され、主として就学前の子どもへのかかわりや、養育者の支援を総合的に担う。

次代を担う子どもの成長発達を支える子ども家庭支援の意義は大きい。

Step 3

子育て支援の意義を高めるポイント

地域間格差の解消

子育て支援は、子ども・子育て支援新制度を基軸にして、多様な施策が実施されているほか、各地域で独自の施策や民間活動が展開されている。しかし、子ども・子育て支援新制度に含まれる事業であっても、未実施の自治体が存在することも事実である。また、保育事業のように、全国的に実施されているものであっても、待機児童をなかなか解消できない自治体がある一方で、定員割れを引き起こしている保育所がいくつも存在する自治体もある。保育料についても、国が定める基準はあるものの、自治体によって異なる場合がある。妊婦健診費用負担や放課後児童対策の費用負担なども自治体によって異なる。市場価格と異なり、保育料が高いことが質の高い保育を保障しているわけではない。子どもにとって望ましい保育は、保育者の採用や養成、円滑（えんかつ）な世代交代、勤務しやすい職場づくりなどに起因するところであり、平準化された保育を提供することも課題となっている。

自治体独自の事業は、隣接自治体であっても利用できないために、転居によって新たな支援が受けられる場合もあるが、逆に利用できなくなる場合も存在する。また、同一の支援事業であっても利用可能となる要件などに地域間格差が存在することは、一時預かりの利用要件、延長保育の利用開始時間や終了時間などをみても明らかである。子育て支援の意義や必要性が確認されるのであれば、支援を提供する社会資源の種類や量の格差は早急に解消されていくべき課題である。

利便性の向上

子育て支援の意義は本講ですでに確認できたと思う。しかしそれらは、実際に利用されなければ効果を発揮（はっき）することはできない。子育て支援事業は、その多くが養育者の利用申し込みが前提となっている。したがって、制度の周知を促進するとともに、利用に関する利便性を向上させる必要がある。利便性向上には２つの課題がある。１つは、提供量の拡充（かくじゅう）である。地域子育て支援拠点事業は、実施箇所でみると保育所の約４分の１程度であるから、距離的に利用が不便な場合がある。病児保育事業も、子どもが通園している保育所ではなく、実施施設に子どもを預けることが実際には困難であることが少なくない。

２つ目は、申し込み過程の簡素化やワンストップ利用の実現である。多くの自治体では、利用申し込みはワンストップになっておらず、利用者支援事業を担う窓口も情報提供や利用相談にとどまる場合が多い。インターネットでの利用申し込みが可能な場合もあるが、これも自治体によって異なることが多く、各事業ごとに氏名や要件確認を行う必要がある。一時預かりも要件や料金が明示されていない場合や、養育者が実施施設に直接電話をして空き状況を確認する必要がある場合、数施設問い合わせて利用ができなければそれ以上の問い合わせをせず当日の利用をあきらめるだけではなく、次回も利用の問い合わせを見送ることにもつながってしまう。

子育て支援事業を高齢者の生活支援と比較した場合、ケアマネジャーのように、支援者側が自宅に訪問し、支援メニューを組み立てる支援ではないために、利便性が低いといえるであろう。ワンストップの窓口を設置している自治体もあり、このような事例が増えていくことが望まれる。

新たな施策の開発

子育てに関するニーズは、時代とともに変化する。常に養育者や子どもの「声」を聴きながら施策の改善を図るとともに、新たなニーズに対応する施策の開発を図っていく必要がある。最近では、子ども食堂や学習支援をその例としてあげることができる。ここでは、今後着目すべき課題を２つあげておきたい。

近年、外国籍の家族が増えるなかで、彼らを地域のなかに包摂し、子育て家庭の支援を行うことが求められている。母国の文化や言語を尊重（そんちょう）しながら、日本で子育てを遂行していくために必要な知識や習慣を伝えていくだけではなく、彼らから子育てについて学ぶという姿勢で支援施策が検討される必要がある。また、障害をもった子どもが地域で成長発達していくために、専門的知識や技術だけではなく、日常生活レベルでの支援の開発も必要となるだろう。

2022（令和４）年６月、児童福祉法、母子保健法の改正がなされた。子育てに困難をかかえる世帯がこれまで以上に顕在化（けんざいか）している状況等をふまえ、子育て世帯に対する包括的な支援のための体制強化等を行うという趣旨のものである。

また、同年同月には「こども家庭庁設置法」が成立し、内閣府に「こども家庭庁」が創設され、子どもと家庭を一貫して所管するシステムも構築された（2023（令和５）年４月施行）。

改正の多くは2023（令和５）年、2024（令和６）年から施行されるものであり、改正の実効性をもたらすためにも、社会的な関心の高まりと、子ども・子育て家庭支援にたずさわる関係者の社会的発信が期待される。

参考文献

●柏女霊峰『これからの子ども・子育て支援を考える――共生社会の創出をめざして』ミネルヴァ書房，2017.

●中板育美『周産期からの子ども虐待予防・ケア――保健・医療・福祉の連携と支援体制』明石書店，2016.

●土田美世子「保育現場におけるソーシャルワーク支援の可能性と課題」『社会福祉研究』第127号，2016.

COLUMN　新しいタイプの子育て支援

近年新たな子育て支援が市区町村で始まっている。宅配型やインターネット活用型などにそれらを整理することができる。ここでは、そのいくつかを紹介する。

荒川区の「あらかわキッズ・マザーズコール24」は、電話を活用して妊娠中や育児の相談を365日24時間体制で看護師が対応している。相談料は無料で、フリーダイヤルで利用することができる。窓口に出かけていく必要もなく、電話という方法でアクセシビリティ（利便性）を高めるとともに、夜間や早朝など支援が手薄な時間帯に対応できるという特徴がある。

江戸川区の「おうち食堂」は、食事支援ボランティア派遣事業である。食事準備の支援をすることによって、外出に困難を感じる子どもや養育者の支援を行う。子ども食堂に出向くことが困難な子どもの支援に意義がある。同じく「KODOMOごはん便」は、弁当の宅配サービスである。自宅に他者が入るのを歓迎しない家族でも、弁当の宅配には抵抗感が少ない場合もある。いずれの支援も所得制限や回数制限がある。

文京区も「子ども宅食」という事業名で食品の配送を実施している。また、「子育て応援メールマガジン」は登録をした養育者に妊娠期から、妊娠時期や子どもの月齢に合わせた個別のメールマガジンを配信し、多様な情報提供を行っている。

いずれも、都市部での新事業であるが、非都市部でも導入可能な内容を含んでおり、現代社会の状況を反映したものともなっている。

（松原康雄）

第2講

子ども家庭支援の目的と機能

今日、子どもや家庭を取り巻く環境が大きく変わり、保育士等に対しても、さまざまな生活課題をかかえている子育て家庭への支援がいっそう求められるようになってきた。

本講では、児童福祉法、保育所保育指針、幼稚園教育要領に示されている子ども家庭支援の目的と機能について学ぶ。さらに、子どもと家庭を理解してかかわることの必要性を学び、保育士等が備えておくべき子ども家庭支援の専門性について理解を深める。

Step 1

1. 児童福祉法改正と子ども家庭支援の制度化

2001（平成13）年、児童福祉法の改正により、保育士は国家資格として制度化された。同法では、保育士の定義として「保育士の名称を用いて、専門的知識及び技術をもって、児童の保育及び児童の保護者に対する保育に関する指導を行うことを業とする者をいう」と掲げている（第18条の４）。つまり、保育士は、「児童の保育」と「保護者に対する支援」を併せて行う専門職として位置づけられている。

また、2008（平成20）年の法改正では、保育所の地域住民に対する情報提供や相談・助言が努力義務として定められた（第48条の４）。2022（令和４）年にはさらなる改正により、情報提供が義務として定められ、子育て家庭への支援の充実がいっそう図られている（2024（令和６）年４月施行）。

さらに2016（平成28）年の法改正では、市町村の責務についてより具体的に掲げており、「児童が心身ともに健やかに育成されるよう、基礎的な地方公共団体として、～中略～保育の実施その他この法律に基づく児童の身近な場所における児童の福祉に関する支援に係る業務を適切に行わなければならない」として、保育サービスを支えていく市町村の役割をあらためて示している（第３条の３）。なお、2022（令和４）年の法改正では、子育て世帯に対する包括的な支援のための体制強化および事業の拡充が明示された（2024（令和６）年４月施行）。保育所等も地域子育て相談機関、すなわち地域における身近な子育て支援の場としてあらためて位置づけられ、市町村の設置するこども家庭センターと密接に連携を図りながら、子育てに関する相談・助言、情報提供を行うことが期待されている（第10条の３）。

2. 保育所における子ども家庭支援の目的

保育所保育指針にみる子育て支援

2018（平成30）年４月から適用された保育所保育指針においても同様に、保育所の特性を活かした子育て支援が保育所の役割として明記されている。それは、保育所を利用している保護者と地域の子育て家庭の保護者を対象とした２つの子育て支援（子ども家庭支援）と理解することができる。

まず、保育所を利用している保護者に対する支援については、次のように示されている。

> **保育所保育指針　第４章　子育て支援**
> 2　保育所を利用している保護者に対する子育て支援
> (1)　保護者との相互理解
> ア　日常の保育に関連した様々な機会を活用し子どもの日々の様子の伝達や収集、保育所保育の意図の説明などを通じて、保護者との相互理解を図るよう努めること。
> イ　保育の活動に対する保護者の積極的な参加は、保護者の子育てを自ら実践する力の向上に寄与することから、これを促すこと。

家庭と保育所が相互理解を深めていくことは、子どもの育ちを支え、その最善の利益を尊重していくうえで、欠かせないものである。日常的な保護者とのコミュニケーションを通して、保護者や家庭を支えていくことの重要性を示している。

また、今日の保育所には、子育てに不安をかかえる保護者や特別な支援を必要とする家庭への対応など、さまざまな課題に対して向き合うことが求められているため、「保護者の状況に配慮した個別の支援」「不適切な養育等が疑われる家庭への支援」が掲げられた。特に、増加し続けている児童虐待（ぎゃくたい）への対応として、保護者の育児不安への支援や要保護児童対策地域協議会等の連携など、虐待を未然に防ぐとともに、子どもの命を守るためのすみやかな対応が求められている。

> **保育所保育指針　第４章　子育て支援**
> 2　保育所を利用している保護者に対する子育て支援
> (2)　保護者の状況に配慮した個別の支援
> ア　保護者の就労と子育ての両立等を支援するため、保護者の多様化した保育の需要に応じ、病児保育事業など多様な事業を実施する場合には、保護者の状況に配慮するとともに、子どもの福祉が尊重されるよう努め、子どもの生活の連続性を考慮すること。
> イ　子どもに障害や発達上の課題が見られる場合には、市町村や関係機関と連携及び協力を図りつつ、保護者に対する個別の支援を行うよう努めること。
> ウ　外国籍家庭など、特別な配慮を必要とする家庭の場合には、状況等に応じて個別の支援を行うよう努めること。
> (3)　不適切な養育等が疑われる家庭への支援
> ア　保護者に育児不安等が見られる場合には、保護者の希望に応じて個別の支援を行うよう努めること。
> イ　保護者に不適切な養育等が疑われる場合には、市町村や関係機関と連携し、要保護児童対策地域協議会で検討するなど適切な対応を図ること。また、虐待が疑われる場合には、速やかに市町村又は児童相談所に通告し、適切な対応を図ること。

保育所には、保育所の設備や機能が子育て支援にふさわしい条件を備えていること、保育士等、専門知識や技術を有する職員が多く配置されていること等の特性がある。それらを十分に活用しながら、さまざまな家庭における子育てを支えていくことが重視されている。それらは日常の保育と一体となって行われる支援であり、保護者と密にコミュニケーションを図りながら信頼関係を築き、仕事と子育ての両立への理解を深めつつ、個別の課題に対応していくという特徴があるといえよう。

保育所保育指針にみる地域子育て支援

保育所保育指針では、保育所を利用している保護者だけではなく、地域の子育て家庭に対する支援についても同様に定めている。

保育所保育指針　第４章　子育て支援

3　地域の保護者等に対する子育て支援

(1)　地域に開かれた子育て支援

ア　保育所は、児童福祉法第48条の４の規定に基づき、その行う保育に支障がない限りにおいて、地域の実情や当該保育所の体制等を踏まえ、地域の保護者等に対して、保育所保育の専門性を生かした子育て支援を積極的に行うよう努めること。

イ　地域の子どもに対する一時預かり事業などの活動を行う際には、一人一人の子どもの心身の状態などを考慮するとともに、日常の保育との関連に配慮するなど、柔軟に活動を展開できるようにすること。

(2)　地域の関係機関等との連携

ア　市町村の支援を得て、地域の関係機関等との積極的な連携及び協働を図るとともに、子育て支援に関する地域の人材と積極的に連携を図るよう努めること。

イ　地域の要保護児童への対応など、地域の子どもを巡る諸課題に対し、要保護児童対策地域協議会など関係機関等と連携及び協力して取り組むよう努めること。

ここでは、「その行う保育に支障がない限りにおいて」地域子育て支援を行う、と示されている。実際に、保育所がその本来の業務に加えて地域子育て支援を実施していくことは、保育士の勤務体制や日々の業務の多忙さを考えるとけっして容易ではないであろう。しかし、さまざまな課題をかかえた家庭の現実に向き合うとき、定期的な子育て相談や園庭開放、在園児との交流保育、一時預かりなど、地域の子育て家庭の実情や要望に応じた積極的な取り組みが期待されている。

3. 幼稚園における子ども家庭支援の目的

幼稚園教育要領にみる子ども家庭支援

子ども家庭支援が求められているのは、保育所ばかりではない。2018（平成30）年４月から適用された幼稚園教育要領では、保護者および家庭への支援として次のように示されている。

> **幼稚園教育要領　第１章　総則　第６　幼稚園運営上の留意事項**
>
> 2　幼児の生活は、家庭を基盤として地域社会を通じて次第に広がりをもつものであることに留意し、家庭との連携を十分に図るなど、幼稚園における生活が家庭や地域社会と連続性を保ちつつ展開されるようにするものとする。～中略～また、家庭との連携に当たっては、保護者との情報交換の機会を設けたり、保護者と幼児との活動の機会を設けたりなどすることを通じて、保護者の幼児期の教育に関する理解が深まるよう配慮するものとする。

これは、幼稚園における保育が、家庭生活と連続性をもったものでなければならないこと、子どもの状況については常に保護者と情報を共有し、連携を図りながら日々の保育にあたらなければならないということである。

近年では、就労を希望する保護者の増加等により、預かり保育を実施する幼稚園が急増してきている。同要領においては、「家庭との緊密な連携を図るようにすること。その際、情報交換の機会を設けたりするなど、保護者が、幼稚園と共に幼児を育てるという意識が高まるようにすること」（第３章「教育課程に係る教育時間の終了後等に行う教育活動などの留意事項」１(3)）とし、子育て支援の一環としての預かり保育の留意点を示している。

また、幼稚園は、地域における子育て支援のために、さまざまな役割を担うことが提示されている。具体的には、「相談対応」や「情報提供」「保護者同士の交流の機会の提供」等、地域の子育て家庭の状況に応じて、きめ細かな対応をしていくことが求められている。

> **幼稚園教育要領　第３章　教育課程に係る教育時間の終了後等に行う教育活動などの留意事項**
>
> 2　幼稚園の運営に当たっては、子育ての支援のために保護者や地域の人々に機能や施設を開放して、園内体制の整備や関係機関との連携及び協力に配慮しつつ、幼児期の教育に関する相談に応じたり、情報を提供したり、幼児と保護者との登園を受け入れたり、保護者同士の交流の機会を提供したりするなど、幼稚園と家庭が一体となって幼児と関わる取組を進め、地域における幼児期の教育のセンターとしての役割を果たすよう努めるものとする。その際、心理や保健の専門家、地域の子育て経験者等と連携・協働しながら取り組むよう配慮するものとする。

なお、保育サービスの新たな提供主体として制度化されてきた認定こども園についても同様に、家庭支援が求められていることはいうまでもない。多様化する保護者や家庭の状況、親子のニーズに即（そく）した柔軟（じゅうなん）な支援が不可欠となっている。

Step 2

1. 子ども家庭支援の機能

子ども理解と保護者理解

子育て家庭のなかには、身近に相談相手もなく、孤立して子育てせざるをえない保護者や、育児不安をかかえながらもどこに声を上げてよいのかわからず、その葛藤やストレスの矛先を子どもに向けてしまう保護者もいる。それらの課題をかかえた子育て家庭に向き合うためには、子どもと保護者をともに理解し、かかわっていく必要がある。

まず、子ども理解については、保育士等の日々の業務のなかで最も重要で核となる部分である。子どもの最善の利益を尊重し、子どもたちの成長・発達を日々の生活や遊びを通して育み、支えていくこと。それは、保育士等の喜びでもあり、保育者として仕事をするうえで大きなやりがいとなっていることは間違いない。

しかし、日常の保育を通して出会う「気がかりな子ども」への対応では、さまざまな判断が要求される。病気や障害、児童虐待等の「疑い」「可能性」については、冷静にかつ客観的に判断し、専門家・専門機関と連携して対応する必要がある。

一方で、保護者理解についてはどうであろうか。保護者理解の難しさは、子育ての楽しさや喜びを共有するだけではなく、同時に多かれ少なかれかかえるであろう不安や悩み、つらさなど、子どもや子育てに対する否定的な感情に対しても受容し、共感していかなければならないところにある。

次頁の**図表２－１**をみてみよう。保護者が否定的な言葉で自身の子育てを表現することに対して、保育士Ａのように、安易に「ダメな親」「感じの悪い保護者」「不適切な子育て」というレッテルを貼ってしまってよいのだろうか。保護者を否定したり責めたりせず、保育士Ｂのように、子育ての大変さ、つらさ、しんどさを受容して、否定的な感情を保護者に抱かせている原因を探り、その言葉の裏に隠されている本音や背景について理解することが重要である。

子どもも保護者も十人十色である。20人の５歳児がいれば、その20人にはすべて個性があり、それぞれ違う保護者と家庭が存在する。「５歳児クラスに通っている」という状態は共通していても、子どもも保護者もみな違う人格をもった人間であり、個々の生活の背景などを考慮したうえで、個別化して尊重されるべきである。

さらに、地域社会には、ひとり親家庭や児童虐待、病児・虚弱児、障害のある子どもなど、特別な支援を必要とする家庭も少なくない。それらの家庭と向き合い、子どもと保護者の両者を理解し、支援していかなければならないのである。

図表2-1 課題をかかえている保護者への理解

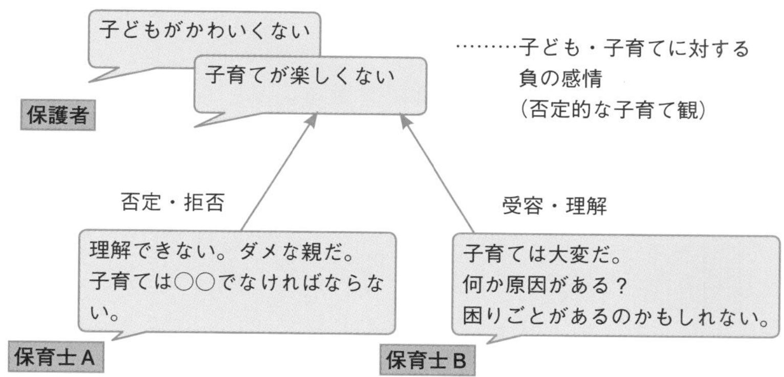

子どもと家庭に向き合う保育士等の専門性

保育士等が行う子ども家庭支援の強みは、子どもや保護者の身近な存在として、日常的なかかわりのなかで行うことができるという点にある。保育士等は、日々子どもたちと保護者に向き合うからこそ、子どもや保護者のささいな変化を見逃さず、課題に気づくことができ、その解決に結びつけることができる。

例えば、保育所や幼稚園の登園の際、「いつもは元気な子どもがあいさつを返してこない」「付き添ってきた母親は、声をかけても目をそらして足早に立ち去ってしまった」……このような場面に出会ったら、保育士等としてはどのように対応すればよいだろうか。「たまたま元気がなかったのだろう」「忙しかったのかもしれない」ですませてしまうのではなく、その１日はその子どもの様子を気づかうことや、降園の際の保護者と子どもの様子を確認するなどの視点が欠かせない。

何か変化に気づいたときは、まず、そのまま放置しないという姿勢が大切である。日中の保育場面での子どもの様子を注意深く観察し、保護者と共有すること、支援の際には自分一人でかかえ込まず、他の保育士等と連携することも必要である。保育場面においては、自分一人がその子どもとかかわるとは限らない。他の保育士等の目で様子を観察してもらう、もしくは他の専門職に相談して子どもや保護者に対応してもらうという方法もあるだろう。保育士等が一人でかかえ込むことなく、必要に応じて、他の専門機関と協力・連携して家庭の課題に対応していくことが求められる。

また、保育士等は、自身の知識や経験を活(い)かし、保護者に対して「子育ての見通しをもつ」ための支援を行うことができる。「今、この時点の子どもの様子」は、時間の経過や子どもの成長とともに変化する、それによって子育ても変わっていくことを伝え、保護者に子育ての見通しをもってもらうことは、保護者の安心や子どもに向き合う際の心のゆとりに結びつくであろう。

子どもの生活はそれぞれの家庭と保育所等が連続性をもってつながり、支えられている。子どもが乳児期から１日の少なくない時間を過ごす保育所では、子どもの生活・発達・遊び・学びというあらゆる場面について具体的に保護者に伝えていくことで、その見通しがもてるようになっていく。また、幼稚園においても、地域子育て支援として未就園児保育・就園前保育などに取り組む園が増えてきており、就園前の親子へのかかわりによって、保護者の子育ての不安をやわらげたり、子どもの状況を把握(はあく)し早期から対応したりすることが可能となっている。

2. 子ども家庭支援の原則

全国保育士会倫理綱領

保育士等が子ども家庭支援を行う際、根拠として立ち戻らなければならない原則として、「全国保育士会倫理綱領」がある。これは、保育サービスにたずさわるすべての保育士等の行動原則といいかえることができる。保育所保育士のみならず、幼稚園やその他の児童福祉施設でも同様に適用されるものである。

倫理綱領は前文と８つの項目で成り立っているが、特に子ども家庭支援の原則として考えられるのが、「保護者との協力」「プライバシーの保護」「利用者の代弁」「地域の子育て支援」の４つである。保育士は、本来保護者が行うべき子育てをすべて代替(だいたい)したり、一方的に子育ての指導を行うわけではない。常に子どもを中心におき、保護者と協力・連携してその子育てを支える立場である。日常的に子どもの様子に気を配り、一人ひとりの声を受け止めつつも、それぞれの家庭・家族の状況をていねいに把握し、保護者がもつ子ども観や、大切にしている子育て観などを理解し共有して、信頼関係を築(きず)いていくことが重要である。

保育士は、保護者の思いに寄り添いながら、もっている力に着目して、保護者自身の自己選択・自己決定をうながしていく。保護者の主体性を尊重しつつ、その子育てに伴走(ばんそう)する、という姿勢が求められる。そしていかなるときも、子どもや保護者の個人情報を直接扱う業務に就(つ)いているという自覚をもち、自身が守秘義務を課せられている専門職であるということを忘れずに行動しなければならない。

全国保育士会倫理綱領

すべての子どもは、豊かな愛情のなかで心身ともに健やかに育てられ、自ら伸びていく無限の可能性を持っています。

私たちは、子どもが現在（いま）を幸せに生活し、未来（あす）を生きる力を育てる保育の仕事に誇りと責任をもって、自らの人間性と専門性の向上に努め、一人ひとりの子どもを心から尊重し、次のことを行います。

私たちは、子どもの育ちを支えます。

私たちは、保護者の子育てを支えます。

私たちは、子どもと子育てにやさしい社会をつくります。

（子どもの最善の利益の尊重）

1　私たちは、一人ひとりの子どもの最善の利益を第一に考え、保育を通してその福祉を積極的に増進するよう努めます。

（子どもの発達保障）

2　私たちは、養護と教育が一体となった保育を通して、一人ひとりの子どもが心身ともに健康、安全で情緒の安定した生活ができる環境を用意し、生きる喜びと力を育むことを基本として、その健やかな育ちを支えます。

（保護者との協力）

3　私たちは、子どもと保護者のおかれた状況や意向を受けとめ、保護者とより良い協力関係を築きながら、子どもの育ちや子育てを支えます。

（プライバシーの保護）

4　私たちは、一人ひとりのプライバシーを保護するため、保育を通して知り得た個人の情報や秘密を守ります。

（チームワークと自己評価）

5　私たちは、職場におけるチームワークや、関係する他の専門機関との連携を大切にします。

また、自らの行う保育について、常に子どもの視点に立って自己評価を行い、保育の質の向上を図ります。

（利用者の代弁）

6　私たちは、日々の保育や子育て支援の活動を通して子どものニーズを受けとめ、子どもの立場に立ってそれを代弁します。

また、子育てをしているすべての保護者のニーズを受けとめ、それを代弁していくことも重要な役割と考え、行動します。

（地域の子育て支援）

7　私たちは、地域の人々や関係機関とともに子育てを支援し、そのネットワークにより、地域で子どもを育てる環境づくりに努めます。

（専門職としての責務）

8　私たちは、研修や自己研鑽を通して、常に自らの人間性と専門性の向上に努め、専門職としての責務を果たします。

社会福祉法人 全国社会福祉協議会
全国保育協議会
全国保育士会

Step3

1. 保育士等がめざす「子ども家庭支援」とは

個々の家庭の子育てを支える視点

保育士等がかかわる家庭は、そのすべてが健康で、何の心配事や不安もなく、安心・安全である生活を送っているわけではない。漠然とした育児不安や戸惑いなどで子育てにうまく向き合うことができない保護者や、何らかの課題をかかえている保護者も少なくないのである。

そのような状況において、保育士等がめざすべき子ども家庭支援とは、個々の家庭の子育てを支え、親子の健やかな家庭生活の実現をうながすことであるといえる。それは、その場限りの支援ではなく、子どもと保護者（親子）の今後を見すえて、保護者の子育て力を高め、親子関係を構築し直していくための支援でもある。最終的には、保護者自身が自らの子育てに自信を取り戻し、子どもとの生活に喜びや幸せを見いだすことができるようになることがのぞましい。

地域の子育て機能が脆弱化している今日、子育てに悩んだときに、周囲と気軽に助け合うという関係性が構築できなくなりつつある。困っていることをだれにも相談できず、当たり前の親子関係を結ぶことができない、保護者だけでは十分な子育てができない家庭もあるということをふまえ、専門職である保育士等がその子育てを支えていく必要がある。その際には、子どもの最善の利益を考慮して援助にあたること、子どもの成長・発達を保障すること、地域における社会資源を活用し子育て家庭を支えるネットワークづくりに努めること、等に配慮しなければならない。

子ども家庭支援の方法

保育士等が行う子ども家庭支援は保護者支援でもあり、その基本姿勢としては、保護者理解とともに、信頼関係の樹立（ラポールの形成）や保護者と家庭に対する受容と共感的理解、家族関係の再構築等があることはいうまでもない。

さまざまな家庭の状況、家族の関係性がみられる子育ての現状をふまえたとき、子どもの保育を中心とするケアワークだけではなく、コミュニケーションスキル等相談援助の技術を展開し、権利擁護の視点から必要な社会資源を活用し、専門職や機関に結びつけて問題解決を図る取り組みであるソーシャルワークが必要とされる場面も少なくない。つまり、保育士等が行う子ども家庭支援の方法としては、子どもへの保育・直接的援助であるケアワークと並行して、それぞれの家庭に生じているさまざまな生活課題に適切に対応するためにソーシャルワークを理解し、活用していく必要があるといえるだろう。

2. 今後に向けて

保育士等が円滑に子ども家庭支援を進めていく際には、自身がもつべき知識を蓄積し、技術を向上することが欠かせない。一方で、保育所保育指針では、保育所職員に求められる専門性として「子どもの最善の利益を考慮し、人権に配慮した保育を行うためには、職員一人一人の倫理観、人間性並びに保育所職員としての職務及び責任の理解と自覚が基盤となる」と示している（第５章 職員の資質向上　１ 職員の資質向上に関する基本的事項　(1)保育所職員に求められる専門性）。つまり、日常の子どもの保育場面や保護者への支援においては、知識や技術が備わっていればすべて対応できるというものではなく、それらは自己の倫理観を常に見直しながら、その場面ごとの状況に応じた適切な判断によって用いられるものであるということを忘れてはならない。

さらに保育の場面においては、不適切な養育、障害等の発見やその対応を求められることもある。表面上は課題をかかえていないようにみえていても、里親家庭や養子縁組家庭など、家族関係の多様化から新たな課題が生じる場合もある。そのような特別な支援を必要とする家庭に対しては、早期発見・早期対応が課題となっている。また、近年では、都市部を中心に保育の国際化が進み、増加している外国籍家庭への対応も期待されている。多様化する子育て家庭に対して、常に柔軟な姿勢で向き合い、お互いを尊重し合って保護者と信頼関係を築き、その主体的な子育てに寄り添い、支える姿勢が求められている。

○考えてみよう

① 保育者として取り組めることを考えよう
　家庭（子どもや保護者）の変化に気づくために、保育者として日常的に取り組めることをあげてみよう。

② 身近な子ども家庭支援について調べよう
　自分の生活する地域において、保育所や幼稚園が行っている子ども家庭支援について調べてみよう。

参考文献

- 鶴宏史『保育ソーシャルワーク論――社会福祉専門職としてのアイデンティティ』あいり出版，2009.
- 伊藤良高・永野典詞・中谷彪編『保育ソーシャルワークのフロンティア』晃洋書房，2011.
- 塩谷香編著『保育者・子育て支援者のための家庭支援ガイド』ぎょうせい，2011.
- 橋本好市・直島正樹編著『保育実践に求められるソーシャルワーク――子どもと保護者のための相談援助・保育相談支援』ミネルヴァ書房，2012.
- 子どもと保護者の支援ガイドブック作成検討委員会編『気づく　かかわる　つなげる――保育者のための子どもと保護者の育ちを支えるガイドブック』全国社会福祉協議会，2017.
- 厚生労働省編『保育所保育指針解説』フレーベル館，2018.
- 柏女霊峰監，全国保育士会編『改訂2版 全国保育士会倫理綱領ガイドブック』全国社会福祉協議会，2018.

COLUMN　保護者の一日保育士体験

保護者に、ふだんの子どもの姿や保育の意図などを理解してもらうための取り組みの１つに、「一日保育士体験」がある。保護者が、実際に保育所等のクラスに入って「一日保育士」を体験することにより、保育所、幼稚園、認定こども園等における保育や教育についての理解や、わが子への理解を深め、子育て力を高めることを目的としている。

保育施設においては、行事やイベント、保育参観など、子どもの姿を見ることができる場面はけっして少なくないが、保育者の立場から子どもを見ること、その活動場面に一緒に参加し体験することによって、保育の意図やねらいを理解することが重要である。また、保護者がわが子以外の子どもたちとふれ合うことを通して、わが子を客観的にみることができるようになったり、家庭における育児を違った視点から考えるという効果も期待できる。

さらに、保育者にとっても、日々実践している保育内容を具体的に保護者に伝えていくことにより、自らの保育実践を振り返り、見直す機会にもなる。

これらは、結果的に子どもたちの生活環境を整えていくことに結びつく。保育士体験は保護者への支援のみならず、保育の質を高め、保育施設と家庭の信頼関係を築く方法の１つであるといえるだろう。

（飯塚美穂子）

第3講

子育て支援施策・次世代育成支援施策の推進

子ども家庭福祉は、児童福祉法をはじめとするさまざまな関連法律によって、子育て支援・次世代育成支援施策、経済的支援施策、子ども虐待（ぎゃくたい）や社会的養護等の要保護児童福祉施策、母子保健施策、ひとり親家庭福祉施策、障害児福祉施策等を実施している。

本講では、子育て支援・次世代育成支援施策の背景やその計画的推進、子ども・子育て支援新制度創設に至る経緯と新制度の枠組み、実施体制を理解する。

Step 1

1. 子育て支援・次世代育成支援の背景

日本の子育ち・子育ては、もともと親族や地域社会による助け合いを前提に行われてきた。しかし、社会の変化にともない、親族や地域における関係が希薄化し、お互いのつながりや助け合いの機能を失わせ、その結果として、少子化や子ども虐待等、さまざまな社会問題が生じた。子育ち・子育てという営みを、狭く希薄になった私的なつながりだけにゆだねることが難しくなり、公的な「支援」と「介入」が進められた。

日本では、1990（平成２）年に、前年の合計特殊出生率が史上最低であったいわゆる「1.57ショック」を契機に、少子化対策としての保育サービスの充実、子育て支援サービスが拡充されてきた。

しかし、少子化対策によっても出生数は減少を続け、一方では、サービスニーズの掘り起こしが進んだ。その結果、保育所に入所することができない児童が増加し、いわゆる待機児童問題が生じた。その受け皿確保のため、保育所以外の資源を含めて拡充するだけでなく、在宅の子育て家庭のニーズに応えるサービスを充実させる必要性も生じた。そして、従来の認定こども園制度の改正や子ども・子育て支援新制度の構築へと進展していく。

次世代育成支援対策推進法が制定された2003（平成15）年以降、子育ては社会全体で支え合うものという社会連帯にもとづく理念を掲げ、少子化対策から次世代育成支援対策へと変化していく。理念が変化したことで、子どもや家庭に対して提供されるサービスの種類やその利用方法も、支援の仕方も大きく影響を受けていることに留意する必要がある。

子ども家庭福祉施策は、1.57ショックを契機として、計画的に保育施策が講じられ、その後少子化対策のための施策、次世代育成支援施策へと転換し、急増する子ども虐待等に対応するため、要保護児童施策が講じられた。また、子ども家庭福祉の実施体制が、従来の都道府県（児童相談所と児童福祉施設）中心から、市町村中心の体制へと転換されつつある。この動向は、より生活に身近な市町村での支援が可能になることで、子どもと家庭に対する支援の連続性や一貫性を確保することにもつながる可能性がある。

その背景には、地方分権化、子どもや家庭がかかえる課題とニーズの多様化、サービスの必要性の普遍化、利用者本位の制度確立の必要性、在宅福祉サービスの積極的導入、国・地方自治体によるサービスの計画的推進等、社会福祉全体を取り巻く変化がある。

2. 近年の子ども・子育て支援サービスの計画的推進

子ども家庭福祉分野では、先述の課題に対し、計画的な対応を図ってきた。1994（平成６）年に「エンゼルプラン」や緊急保育対策等５か年事業を策定し、1999（平成11）年12月にはこれらを引き継ぐ「新エンゼルプラン」が策定された。2000（平成12）年には、母子保健の2010（平成22）年までの国民運動計画を定めた「健やか親子21」が策定された（期間延長後、2015（平成27）年より第２次）。加えて、2000（平成12）年に、男女共同参画社会基本法に基づく男女共同参画基本計画が策定されており、社会が家庭における児童の育ちや子育てを支援するための国の計画が次々と策定され、子ども家庭福祉施策における計画的推進のための基盤となっている。

2004（平成16）年12月24日には、少子化社会対策基本法の制定を受けて決定した少子化社会対策大綱の具体的な整備計画である「子ども・子育て応援プラン」が策定された。子ども・子育て応援プランは、少子化社会対策大綱に掲げる４つの重点課題に基づき策定され、2005（平成17）年からの10年を見据えためざすべき社会の姿を示し、５年間に取り組む具体的な施策の内容と目標を明らかにした。従来とは異なり、子育て支援事業や要保護児童対策にかかる整備目標が示され、後述する自治体の次世代育成支援地域行動計画との整合性が図られた。

2010（平成22）年には「子ども・子育てビジョン」が閣議決定された。子どもと子育てを応援する社会をめざし、周辺の重要政策と一体的に取り組み、社会全体で子ども・子育てを支えるしくみを整備することを求めた。その後、第３次少子化社会対策大綱が2015（平成27）年に策定された。2020（令和２）年には第４次大綱が閣議決定され、子育て支援、結婚・妊娠・出産、働き方、地域・社会の４本柱に対する数値目標を定め、推進することとなった（**図表３－１**）。なお、2023（令和５）年４月にこども家庭庁が設置され、少子化社会対策大綱、子ども・若者育成支援推進大綱、子どもの貧困対策に関する大綱をこども大綱として一体的に作成することとなっている。

3. 少子化対策から次世代育成支援へ

社会全体で子育てをするという理念に基づき、子ども・子育て支援が推進されているが、その背景には、2003（平成15）年に制定された次世代育成支援対策推進法がある。同法では第２条において、次世代育成支援対策について、「次代の社会を担う子どもを育成し、又は育成しようとする家庭に対する支援その他の次代の社会

図表3-1　少子化社会対策大綱の概要

少子化社会対策大綱（概要）
～新しい令和の時代にふさわしい少子化対策へ～

2020年5月29日閣議決定
・少子化社会対策基本法※1に基づく総合的かつ長期的な少子化に対処するための施策の指針
・2004年、2010年、2015年に続く第4次の大綱

＜背景＞
・少子化の進行は、人口（特に生産年齢人口）の減少と高齢化を通じて、社会経済に多大な影響
・少子化の主な原因は、未婚化・晩婚化、有配偶出生率の低下　・背景には、個々人の結婚や出産、子育ての希望の実現を阻むさまざまな要因
・希望の実現を阻む隘路（あいろ）を打破するため、長期的な展望に立ち、必要な安定財源を確保しながら、総合的な少子化対策を大胆に進める必要
・新型コロナウイルス感染症の流行は、安心して子どもを生み育てられる環境整備の重要性をあらためて浮き彫りにした
学校の臨時休業等により影響を受ける子育て世帯に対する支援等の対策と併せて、非常時の対応にも留意しながら総合的な少子化対策を進める

＜基本的な目標＞
・「希望出生率 1.8」の実現に向け、令和の時代にふさわしい環境を整備し、国民が結婚、妊娠・出産、子育てに希望を見出せるとともに、男女が互いの生き方を尊重しつつ、主体的な選択により、希望する時期に結婚でき、かつ、希望するタイミングで希望する数の子どもをもてる社会をつくる（結婚、妊娠・出産、子育ては個人の自由な意思決定に基づくものであり、個々人の決定に特定の価値観を押し付けたり、プレッシャーを与えたりすることがあってはならないことに十分留意）

＜基本的な考え方＞

1　結婚・子育て世代が将来にわたる展望を描ける環境をつくる
・若い世代が将来に展望をもてる雇用環境等の整備
・結婚を希望する者への支援
・男女共に仕事と子育てを両立できる環境の整備
・子育て等により離職した女性の再就職支援、地域活動への参画支援
・男性の家事・育児参画の促進　・働き方改革と暮らし方改革

2　多様化する子育て家庭のさまざまなニーズに応える
・子育てに関する支援（経済的支援、心理的・肉体的負担の軽減等）
・在宅子育て家庭に対する支援
・多子世帯、多胎児を育てる家庭に対する支援
・妊娠期から子育て期にわたる切れ目のない支援
・子育ての担い手の多様化と世代間での助け合い

3　地域の実情に応じたきめ細かな取り組みを進める
・結婚、子育てに関する地方公共団体の取り組みに対する支援
・地方創生と連携した取り組みの推進

4　結婚、妊娠・出産、子ども・子育てに温かい社会をつくる
・結婚を希望する人を応援し、子育て世帯をやさしく包み込む社会的機運の醸成
・妊娠中の方や子ども連れに優しい施設や外出しやすい環境の整備
・結婚、妊娠・出産、子ども・子育てに関する効果的な情報発信

5　科学技術の成果など新たなリソースを積極的に活用する
・結婚支援・子育て分野における ICT や AI 等の科学技術の成果の活用促進

このほか、ライフステージ（結婚前、結婚、妊娠・出産、子育て）ごとに施策の方向性を整理

＜施策の推進体制等＞
・有識者の意見を聞きつつ、施策の進捗状況等を検証・評価する体制を構築し、PDCA サイクルを適切に回す
・施策について数値目標を設定するとともに、その進捗を定期的にフォローアップ※2
・さらに強力に少子化対策を推し進めるために必要な安定財源の確保について、国民各層の理解を得ながら、社会全体での費用負担の在り方を含め、幅広く検討

※1　少子化社会対策基本法（平成15年法律第133号）（抄）　第7条　政府は、少子化に対処するための施策の指針として、総合的かつ長期的な少子化に対処するための施策の大綱を定めなければならない。
※2　本大綱については、施策の進捗状況とその効果、社会情勢の変化等を踏まえ、おおむね5年後を目処に見直しを行うこととする。

出典：内閣府『令和４年版少子化社会対策白書』p.42，2022.

を担う子どもが健やかに生まれ、かつ、育成される環境の整備のための国若しくは地方公共団体が講ずる施策又は事業主が行う雇用環境の整備その他の取組」と定義している。この定義をふまえ、国や地方公共団体、事業主、国民等が果たすべき責務を示している。

次世代育成支援対策推進法では、2005（平成17）年度より、すべての都道府県、市町村に次世代育成支援地域行動計画の策定を義務づけた（2015（平成27）年以降は任意）。この計画は、５年を１期として策定され、地域の子育て支援サービスの整備目標を盛り込むことになっている。特定事業主である国および地方公共団体等、従業員301人以上の一般事業主に対しても、育児休業や子どもの看護休暇の取得等にかかわる事業主行動計画を策定する義務を課した。その後、2008（平成20）年の法改正によって、2011（平成23）年から一般事業主行動計画の策定と公表を、従業員101人以上の事業主にも適用することとした（100人以下の企業は努力義務）。

次世代育成支援対策推進法は10年の時限立法であり、2014（平成26）年度末まで

とされていたが、次世代育成支援対策のさらなる推進・強化を図る必要があることから、2024（令和６）年度まで延長されている。

4. 新しい動向

2022（令和４）年には、児童福祉法が改正された（2024（令和６）年４月施行）。そのなかで大きな柱の１つは、子育て世帯に対する包括的な支援のための体制強化および事業の拡充（かくじゅう）である。つまり、家庭支援の充実が図られる（**図表３－２**）。訪問型の事業や居場所支援のための事業、親子関係形成支援事業などが新たに地域子ども・子育て支援事業へ位置づけられた。

地域のなかで在宅家庭支援を強化する意味合いにおいても、子育て支援施策の果たす役割は大きい。それが単独で活用されるのではなく、新たに設置されるこども家庭センター（従来の市区町村子ども家庭総合支援拠点と子育て世代包括支援センターの見直しによるもの）と十分に連携し、子どもの安定した生活に寄与（きよ）することが求められる。

図表3-2 2022（令和４）年児童福祉法改正による市区町村における子育て家庭への支援の充実

○ 要支援・要保護児童（※1）は約23万人、特定妊婦（※2）は約0.8万人とされるなか、支援の充実が求められている。
※1 保護者への養育支援が特に必要、保護者による監護が不適当な児童　※2 出産前において出産後の養育支援が必要な妊婦
○ 地域子ども・子育て支援事業において、訪問型支援、通所型支援、短期入所支援の種類・量・質の充実を図るとともに、親子関係の構築に向けた支援を行う。
○ 市区町村において計画的整備を行い、特に、支援が必要な者に対しては市区町村が利用勧奨・措置を実施する。

新設	子育て世帯訪問支援事業（訪問による生活の支援） ➢ 要支援児童、要保護児童およびその保護者、特定妊婦等を対象（支援を要するヤングケアラー含む） ➢ 訪問し、子育てに関する情報の提供、家事・養育に関する援助等を行う。 例）調理、掃除等の家事、子どもの送迎、子育ての助言　等	地域子ども・子育て支援事業への位置づけ ✓市区町村の計画的整備 ✓子ども・子育て交付金の充当
新設	児童育成支援拠点事業（学校や家以外の子どもの居場所支援） ➢ 養育環境等の課題（虐待リスクが高い、不登校等）をかかえる主に学齢期の児童を対象 ➢ 児童の居場所となる拠点を開設し、児童に生活の場を与えるとともに児童や保護者への相談等を行う 例）居場所の提供、食事の提供、生活リズム・メンタルの調整、学習支援、関係機関との調整　等	
新設	親子関係形成支援事業（親子関係の構築に向けた支援） ➢ 要支援児童、要保護児童およびその保護者、特定妊婦等を対象 ➢ 親子間の適切な関係性の構築を目的とし、子どもの発達の状況等に応じた支援を行う。 例）講義・グループワーク・ロールプレイ等の手法で子どもとのかかわり方等を学ぶ（ペアレントトレーニング）　等	
拡充	子育て短期支援事業 ➢ 保護者が子どもと共に入所・利用可能とする。子どもが自ら入所・利用を希望した場合の入所・利用を可とする。 ➢ 専用居室・専用人員配置の推進、入所・利用日数の柔軟化（個別状況に応じた利用日数の設定を可とする）を進める。	
拡充	一時預かり事業 ➢ 子育て負担を軽減する目的（レスパイト利用など）での利用が可能である旨を明確化する。	

出典：厚生労働省資料

Step2

1. 子ども・子育て関連 3 法の成立過程

国や地方自治体が子ども・子育て支援や要保護児童対策に対し、計画的に整備を進めるなかで、子育ては社会全体で支えるものであると、その価値も変容してきた。

子ども・子育て支援新制度（以下、新制度）は、2010（平成22）年6月の少子化社会対策会議の決定により、子ども・子育て新システムの基本制度案要綱が策定され、2012（平成24）年3月に閣議決定された子ども・子育て新システムの基本制度を受け、同年8月に子ども・子育て関連3法（以下、3法）が成立した（本格施行は平成27年度）。3法とは、「子ども・子育て支援法」「就学前の子どもに関する教育、保育等の総合的な提供の推進に関する法律の一部を改正する法律」「子ども・子育て支援法及び就学前の子どもに関する教育、保育等の総合的な提供の推進に関する法律の一部を改正する法律の施行に伴う関係法律の整備等に関する法律」である。

2. 新制度の概要

新制度は、子育てにかかわる保護者の第一義的な責任を念頭におき、幼児期の学校教育・保育・地域の子ども・子育て支援を総合的に推進することを目的とする。社会全体で支え合うという社会連帯の理念から、2014（平成26）年度の消費税増税による7000億円を加えた子どもの福祉のための恒久的かつ一元的な財源を確保し、年金特別会計子ども・子育て支援勘定子ども・子育て支援交付金を充てる。

内閣府に子ども・子育て会議を設置し、都道府県・市町村には合議制機関として地方版の子ども・子育て会議の設置を努力義務とした。子ども・子育て支援事業計画を地域の実情に応じて策定して事業を展開する。

実施体制は、市町村を中心とした一元的システムとし、都道府県が子ども・子育て支援事業支援計画で重層的に支え、すべての子ども・子育て家庭を対象に、幼児教育、保育、地域の子ども・子育て支援の質的・量的拡充を図っている。

3. 新制度の要点

新制度は、就学前保育・教育、子育て支援の充実が目的であるが、元来教育と福祉とで所管省庁が異なるため、内閣府に子ども・子育て本部を設置した。

子ども・子育て支援給付として、「子どものための現金給付」（児童手当）と、「子どものための教育・保育給付」の2つがある。教育・保育給付には、認定こども園、幼稚園、保育所を通じた共通の給付である「施設型給付」と、小規模保育事業や家庭的保育事業、居宅訪問型保育事業や事業所内保育事業への給付である「地域型保育給付」の２つがあり、利用料は保護者の所得に応じた応能負担である。

施設型給付では、認定こども園制度の改善が行われ、幼保連携型認定こども園の認可・指導監督を一本化し、学校および児童福祉施設として法的に位置づけ、認定こども園の財政措置は「施設型給付」に一本化された。したがって、幼保連携型認定こども園は２つの法的位置づけをもつ施設となる。なお、保育の実施にかかる費用は、公定価格が定められ、保育や教育にかかる施設・事業の運営内容が、基準を満たすか否か確認制度で点検されることとなる。

地域子ども・子育て支援事業は、地域の実情に応じた子育て支援サービスをより充実させるため、利用者支援、地域子育て支援拠点や放課後児童クラブなどの13事業を実施する。原則的に国、都道府県、市町村が３分の１ずつ費用負担する。

2016（平成28）年４月には、子ども・子育て支援法の改正により、仕事・子育て両立支援事業として、企業主導型保育事業と企業主導型ベビーシッター利用者支援事業が創設された。さらに、2019（令和元）年10月には、特定教育・保育施設の保育料の無償化と認可外保育施設を利用する児童の保育料無償化のため、子ども・子育て支援法が改正され、「子育てのための施設等利用給付」が創設された。これにより、新制度の全体像は**図表３−３**のような形となった。

図表3-3 子ども・子育て支援新制度の概要

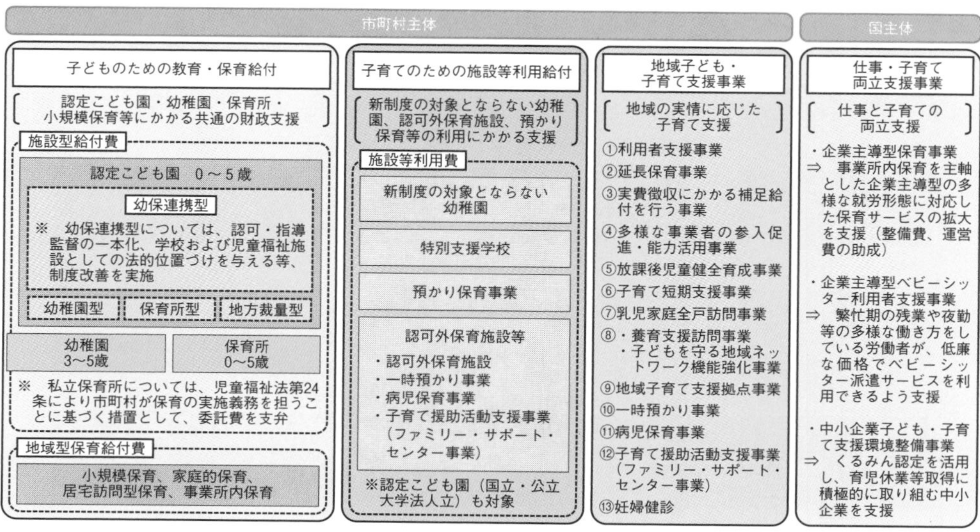

出典：内閣府『令和４年版少子化社会対策白書』p.111，2022.

Step3

1. 地方版子ども・子育て会議

子ども・子育て支援新制度（以下、新制度）の本格施行に向けて、都道府県や市町村には、地方版子ども・子育て会議を条例で定めて設置する努力義務が課せられた（子ども・子育て支援法第72条）。この会議に基づいて、地域における幼児期の学校教育・保育・地域子育て支援事業に関する量の見込みと確保の内容および整備等を含めた実施時期が定められ、具体的なサービス提供がなされる（**図表3－4**）。

新制度の推進にあたっては、自治体が教育・保育施設ならびに地域型保育事業の利用定員を決定したり、５年を１期とする市町村子ども・子育て支援事業計画、都道府県子ども・子育て支援事業支援計画を策定・変更する際、この会議の意見を聴かなければならないとされた。

会議の構成メンバーには、子ども家庭福祉、保育、教育等の関係者が加わっている。地方版子ども・子育て会議には、自治体における子ども・子育て支援施策の総合的かつ計画的な推進にかかわる必要な事項および当該施策の実施状況について、調査・審議をする役割、継続的な点検、評価に基づいた施策の見直しをする役割も求められる。

図表3-4 市町村子ども・子育て支援事業計画のイメージ

○市町村子ども・子育て支援事業計画は、５年間の計画期間における幼児期の学校教育・保育・地域の子育て支援についての需給計画。（新制度の実施主体として、全市町村で作成。）

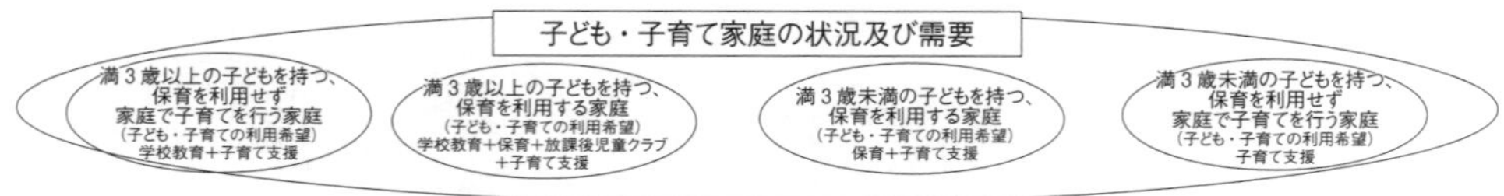

需要の調査・把握（現在の利用状況＋利用希望）

市町村子ども・子育て支援事業計画（５か年計画）
幼児期の学校教育・保育・地域の子育て支援について、
「量の見込み」（現在の利用状況＋利用希望）、「確保方策」（確保の内容＋実施時期）を記載。

計画的な整備

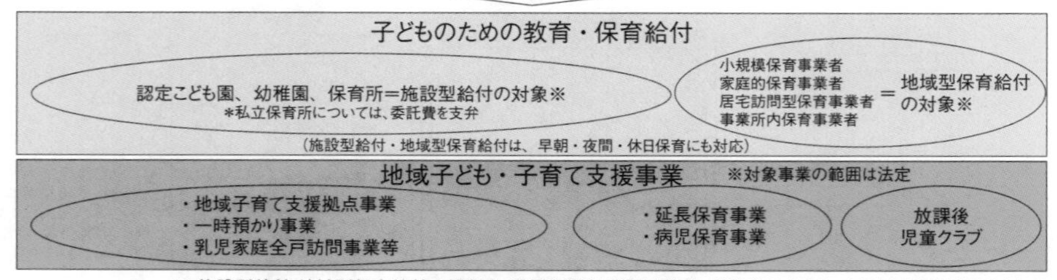

※ 施設型給付・地域型保育給付の対象は、認可や認定を受けた施設・事業者の中から、市町村の確認を受けたもの

出典：内閣府「子ども・子育て支援新制度について（令和４年７月）」

2. 市町村における新制度の実施体制

新制度の事業の全体像としては、「子ども・子育て支援給付」として「子どものための現金給付」「子どものための教育・保育給付」があり、これらの給付とは別に、「子育てのための施設等利用給付」「地域子ども・子育て支援事業」と「仕事・子育て両立支援事業」がある（**Step 2 「3. 新制度の要点」参照**）。

子どものための教育・保育給付のしくみ

この給付には、教育や保育の必要性に応じて給付の対象施設となる保育所や幼稚園、認定こども園で提供される教育・保育サービスを利用する際の給付である「施設型給付」と、小規模保育や保育ママによる家庭的保育、子どもの家で行われる居宅訪問型保育、主に従業員の子どもを預かる事業所内保育を利用する際の給付である「地域型保育給付」の２つがある（**図表 3－3 （31ページ） 参照**）。

施設型給付の利用手続きは、**図表 3－5** のようになる。まず、居住地の市町村において、客観的基準に基づき教育・保育の必要性の認定を受ける。認定区分には、１号認定（教育標準時間認定・満３歳以上）、２号認定（保育認定・満３歳以上）、３号認定（保育認定・満３歳未満）の３区分がある（**図表 3－6**）。これまで保育所利用の要件は「保育に欠ける」ことであったが、「保育の必要性」の認定に変わる

図表3-5 新制度における行政が関与した利用手続き

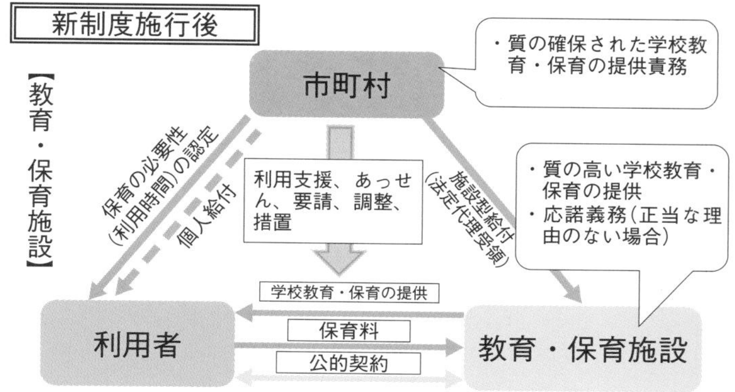

注１：児童福祉法第 24 条において、保育所における保育は市町村が実施することとされていることから、私立保育所における保育の費用については、施設型給付ではなく、現行制度と同様に、市町村が施設に対して、保育に要する費用を委託費として支払う。
この場合の契約は、市町村と利用者の間の契約となり、利用児童の選考や保育料の徴収は市町村が行うこととなる。
２：上記の整理は、地域型保育給付にも共通するものである。

出典：図表 3-4 に同じ。

図表3-6 教育・保育の必要性の認定区分

	認定区分	給付の内容	利用定員を設定し、給付を受けることとなる施設・事業
1号認定子ども	満3歳以上の小学校就学前の子どもであって、2号認定子ども以外のもの （子ども・子育て支援法第19条第1項第1号）	教育標準時間	幼稚園 認定こども園
2号認定子ども	満3歳以上の小学校就学前の子どもであって、保護者の労働又は疾病その他の内閣府令で定める事由により家庭において必要な保育を受けることが困難であるもの （同法第19条第1項第2号）	保育短時間 保育標準時間	保育所 認定こども園
3号認定子ども	満3歳未満の小学校就学前の子どもであって、保護者の労働又は疾病その他の内閣府令で定める事由により家庭において必要な保育を受けることが困難であるもの （同法第19条第1項第3号）	保育短時間 保育標準時間	保育所 認定こども園 小規模保育等

出典：内閣府「子ども・子育て支援新制度について（令和4年7月）」を一部改変。

ことで、同居親族による保育の見直し、就労要件の見直し、その他とされていたものを、求職活動や就学、虐待（ぎゃくたい）やドメスティック・バイオレンス（DV）のおそれ等、事由が具体的に示された。

施設型給付は、保護者に対する個人給付を基本に、確実に学校教育・保育に要する費用に充てるため、居住地の市町村から法定代理受領するしくみとなる。保育料は保護者の所得に応じた応能負担で、施設が利用者から徴収することになる。保育の必要性の認定を受けた後、市町村の関与のもと、保護者が自（みずか）ら施設を選択し契約する公的契約となり、施設は利用申し込みに対して正当な理由がある場合を除き、応諾義務を負う。入園希望者が定員を上回る場合は正当な理由に該当するが、その場合は国の選考基準に基づき、選考が行われる。

ただし、市町村は児童福祉法第24条により保育の実施義務があるため、私立保育所による保育の場合は、施設型給付ではなく従来どおり市町村が施設に対して保育に要する費用を委託費として支払い、市町村と利用者間の契約となる。そのため利用児童の選考と保育料の徴収は市町村が行う、いわゆる保育の実施方式となる。なお、ひとり親家庭、生活保護世帯、失業、子どもに障害があるなど、優先的に保育の利用が必要と判断される場合には、優先利用ができるよう配慮されている。

なお、地域型保育給付の利用のしくみも、**図表3-5**のとおりで、施設型給付に準じて行われる。地域の実情に応じた保育を提供できるしくみを整備するため、これまで認可外保育とされていた保育事業のうち、基準を満たす施設を市町村が認可することにより財政措置を行い、待機児童の多い0～2歳児の子どもの受け皿を増やし、過疎（かそ）地域においてもその実態に合った保育サービスを提供できるようにするためのものである。地域型保育給付の対象は、家庭的保育事業、小規模保育事業、事業所内保育事業、居宅訪問型保育事業の４事業である。

地域子ども・子育て支援事業

「保育所等関連状況取りまとめ（2022（令和４）年４月１日）」によれば、３歳未満児の保育所等利用率は43.4％で、特に１・２歳児は56.0％であった。親の育児不安や負担感を軽減したり、居場所や仲間づくりをするためには、施設における保育ばかりでなく、多様な子育て支援サービスを活用する必要性がある。新制度は、子どものための教育・保育給付と並び、在宅の子育て家庭を支援するための地域子ども・子育て支援事業も大きな柱としている（**図表３－３（31ページ）参照**）。

新制度ではさまざまなサービスがあり、給付のしくみが複雑であるため、利用者が必要なサービスを選び、適切に利用へ結びつくための支援として、利用者支援事業により、身近なところで教育・保育施設や地域の子育て支援事業等の情報提供および必要に応じた相談・助言等を行い、関係機関との連絡調整等を実施する（**図表３－７**）。また、必要に応じて各種サービスを受けられるよう、実費徴収にかかる補足給付を行う事業により、保護者の所得に配慮して費用の一部を助成する。

図表3-7 新制度における「利用者支援事業」

事業の目的

○ 子育て家庭や妊産婦が、教育・保育施設や地域子ども・子育て支援事業、保健・医療・福祉等の関係機関を円滑に利用できるように、身近な場所での相談や情報提供、助言等必要な支援を行うとともに、関係機関との連絡調整、連携・協働の体制づくり等を行う

実施主体

○ 市区町村とする。ただし、市区町村が認めた者への委託等を行うことができる。

地域子育て支援拠点事業と一体的に運営することで、市区町村における子育て家庭支援の機能強化を推進

３つの事業類型

基本型

○「基本型」は、「利用者支援」と「地域連携」の２つの柱で構成している。

【利用者支援】
地域子育て支援拠点等の身近な場所で、
○子育て家庭等から日常的に相談を受け、個別のニーズ等を把握
○子育て支援に関する情報の収集・提供
○子育て支援事業や保育所等の利用に当たっての助言・支援
→当事者の目線に立った、寄り添い型の支援

【地域連携】
○より効果的に利用者が必要とする支援につながるよう、地域の関係機関との連絡調整、連携・協働の体制づくり
○地域に展開する子育て支援資源の育成
○地域で必要な社会資源の開発等
→地域における、子育て支援のネットワークに基づく支援

《職員配置》専任職員（利用者支援専門員）を１名以上配置
※子ども・子育て支援に関する事業（地域子育て支援拠点事業など）の一定の実務経験を有する者で、子育て支援員基本研修及び専門研修（地域子育て支援コース）の「利用者支援事業（基本型）」の研修を修了した者等

特定型（いわゆる「保育コンシェルジュ」）

○ 主として市区町村の窓口で、子育て家庭等から保育サービスに関する相談に応じ、地域における保育所や各種の保育サービスに関する情報提供や利用に向けての支援などを行う
《職員配置》専任職員（利用者支援専門員）を１名以上配置
※子育て支援員基本研修及び専門研修（地域子育て支援コース）の「利用者支援事業（特定型）」の研修を修了している者が望ましい

母子保健型

○ 主として市町村保健センター等で、保健師等の専門職が、妊娠期から子育て期にわたるまでの母子保健や育児に関する妊産婦等からの様々な相談に応じ、その状況を継続的に把握し、支援を必要とする者が利用できる母子保健サービス等の情報提供を行うとともに、関係機関と協力して支援プランの策定などを行う
《職員配置》母子保健に関する専門知識を有する保健師、助産師等を１名以上配置

出典：内閣府『令和４年版少子化社会対策白書』p.113，2022.

参考文献

- 内閣府『令和 4 年版少子化社会対策白書』2022.
- 厚生労働省『令和 3 年版厚生労働白書』2021.
- 柏女霊峰『子ども家庭福祉論 第 7 版』誠信書房，2022.
- 網野武博『児童福祉学——＜子ども主体＞への学際的アプローチ』中央法規出版，2002.

COLUMN 児童家庭福祉行政における実施体制の分断という課題と切れ目のない支援

市町村は、子育て支援や保育、児童健全育成など、措置権の行使や一時保護によらない、保護者や子どもに寄り添う支援を実施してきた。そのため、要保護児童の保護や施設入所措置にほとんど関与することはなく、措置費負担等もない。その背景を確認する。

まず、都道府県と市町村間の実施体制の分断である。要保護児童福祉は、都道府県（児童相談所）中心、子育て支援や保育、児童健全育成などは、市町村中心である。近年になり、子ども・子育て支援新制度が導入されたほか、要保護児童福祉の制度改正ならびに質的充実が図られつつある。しかし、要保護児童福祉、保育・子育て支援等は、児童家庭福祉分野における別々の領域として体制整備が進められているのが現状であり、一元的な体制ではない。

次に、児童家庭福祉分野における各領域の間に生じる支援の切れ目と接続の問題である。切れ目のない支援のためには、各領域間の縦割りを超えていく必要があるが、例えば要保護児童福祉領域と子育て支援領域が別の次元の支援であるととらえるか、それとも同じ次元にありながら困難の度合いによって必要とする支援に濃淡があるものととらえるか、それによっても差が生じるといえる。生命にかかわる緊急対応を要する場合を除いて、多くの子どもと家庭が困難に直面しやすい状況にあると考えれば、要保護児童福祉と子育て支援を別領域として扱うのではなく、支援の必要性の濃淡と連続性があるものとしてとらえつつ、一体的で一貫性のある支援を提供することが望まれる。

2023（令和 5 ）年には、内閣府の外局としてこども家庭庁が誕生し、児童家庭福祉にかかわる施策の企画、立案、推進のほか、政策間の総合調整も担う。教育の振興は文部科学省に残り、分野間の相互理解は課題である。各分野の実施体制や領域間の切れ目と分野間の切れ目をつなぐ機能が期待される。

（佐藤まゆみ）

第4講

子育て家庭の福祉を図るための社会資源

本講では、子育て家庭の福祉を図るために、どのような社会資源を活用して支援を行っていけばよいのかについて、理解を深める。

まず、社会資源とは何かについて、フォーマルな社会資源とインフォーマルな社会資源に分けて解説する。次に、さまざまな社会資源の活用方法について、事例をあげながら紹介する。そのうえで、社会資源の活用の現状と課題、展望について解説する。

Step 1

1. 社会資源とは何か

社会資源とは、人々の生活上のニーズを充足するために活用される人、物、法制度、技能の総称をいう。社会資源は、一般的にフォーマルな社会資源と、インフォーマルな社会資源に分類される。

子育て家庭を支えるフォーマルな社会資源には、児童相談所、市町村の相談窓口、福祉事務所や家庭児童相談室、保健所や市町村保健センター、家庭裁判所等の行政が担うものと、保育所、幼稚園、認定こども園、学校、児童福祉施設、病院等のような行政や民間の両方が担うものがある。また、インフォーマルな社会資源には、家族や親戚、友人、近隣住民、ボランティア、NPO法人が組織する団体等、法制度に基づかないものがある。

2. 子育て家庭を支える社会資源と担い手

子育て家庭を支えるフォーマルな社会資源には、行政のみが設置主体となる機関として、児童相談所、福祉事務所・家庭児童相談室、保健所・市町村保健センター、市町村、家庭裁判所等がある。また行政と民間がともに担っているものとして、保育所、幼稚園、認定こども園、学校、児童福祉施設、病院等がある。

社会資源としての専門機関と担い手

○児童相談所・市町村

児童相談所は、児童福祉法第12条に基づき設置される第一線の行政機関であり、「市町村と適切な協働・連携・役割分担を図りつつ、子どもに関する家庭その他からの相談に応じ、子どもが有する問題又は子どもの真のニーズ、子どもの置かれた環境の状況等を的確に捉え、個々の子どもや家庭に適切な援助を行い、もって子どもの福祉を図るとともに、その権利を擁護すること」を主たる目的としている（児童相談所運営指針第1章第2節）。2004（平成16）年の児童福祉法改正により、児童相談所は市町村に対し必要な援助を行うとともに、子どもや家庭に関する相談のうち、専門的な知識および技術を必要とするものに対応することになった。都道府県、指定都市および児童相談所設置市に設置されるが、2016（平成28）年の児童福祉法改正により、東京都特別区も設置できるようになった。

機能としては「必要な調査並びに医学的、心理学的、教育学的、社会学的及び精神保健上の判定」に基づいて「指導」「子どもの一時保護」等を行うとされている

（児童相談所運営指針第１章第２節）。また児童福祉施設への入所措置、里親への委託措置のほか、親権者の親権一時停止や親権喪失宣告請求等も行っている。

児童相談所には、所長、児童福祉司、児童心理司、相談員、医師、児童指導員や保育士等が配置されている。2016（平成28）年の児童福祉法改正により、児童福祉司等の専門職の配置、教育・訓練・指導担当児童福祉司（スーパーバイザー）の配置、児童福祉司の研修が義務づけられた。また、弁護士の配置またはこれに準ずる措置を行うこととされた。さらに児童相談所長は、管轄区域内の福祉事務所長に必要な調査を委嘱することができるようになった。

2019（令和元）年の児童福祉法改正では、児童相談所が措置決定等を行う際、常時弁護士による助言・指導が適切かつ円滑に行われるように、弁護士の配置等を行うとともに、児童相談所に医師および保健師を配置することとなった。

また、2022（令和４）年の児童福祉法改正により、児童の入所措置や一時保護を行う際には、児童の最善の利益を考慮し、児童の意見聴取等の措置が行われることとなった（2024（令和６）年４月施行）。さらに児童の一時保護を開始する際にも、事前または保護開始から７日以内に、裁判官に一時保護状を請求することとなった（公布日より３年以内に施行）。

市町村は、2004（平成16）年の児童福祉法改正により、児童家庭相談に応じることとされた。そして必要な実情の把握や情報提供、家庭その他からの相談に応じ、必要な調査および指導を行うこと、また市町村長は、児童の福祉に関する相談のうち、専門的な知識および技術を必要とするものについては、児童相談所に技術的援助や助言を求めなければならないとされた。

さらに市町村は、児童虐待防止市町村ネットワークの拠点として、要保護児童対策地域協議会の設置が法定化された。市町村は要保護児童の早期発見や適切な保護を行うため、要保護児童とその保護者に関する情報や、要保護児童の適切な保護をするために必要な情報の交換を行うとともに、要保護児童等に対する支援の内容に関する協議を行っている。

2022（令和４）年の児童福祉法改正では、市区町村は妊産婦、子育て世帯、子どもの包括的な相談支援等を行う「こども家庭センター」の設置、保育所等身近な子育て支援の場における相談機関の整備、里親支援センターの児童福祉施設としての位置づけ等が規定された（2024（令和６）年４月施行）。

○福祉事務所・家庭児童相談室

福祉事務所は、社会福祉法第14条に規定される「福祉に関する事務所」であり、福祉六法（生活保護法、児童福祉法、母子及び父子並びに寡婦福祉法、老人福祉法、身体障害者福祉法、知的障害者福祉法）に定める援護、育成または更生の措置に関する事務を司（つかさど）る行政機関である。都道府県および市（特別区）は設置が義務づけられており、町村は任意設置である。

福祉事務所は、設置主体によって役割や機能が異なっており、市町村福祉事務所では、福祉六法の業務を行うのに対し、都道府県福祉事務所では、生活保護法、児童福祉法、母子及び父子並びに寡婦福祉法の福祉三法を担当している。福祉事務所には、所長、査察指導員（スーパーバイザー）、現業員（ケースワーカー）、事務員等が配置されており、査察指導員と現業員は社会福祉主事任用資格が必要である。

家庭児童相談室は、「家庭児童相談室の設置運営について」（昭和39年４月22日厚生省発児第92号）に基づき、福祉事務所のなかに家庭児童の福祉に関する相談や指導業務の充実強化を図るために設置されている。地域に密着した相談・援助機関として、主に比較的軽易な相談に応じ、社会福祉主事と家庭相談員が援助を行っている。

○保健所・市町村保健センター

保健所は、地域保健法第６条に基づき、地域保健に関する思想の普及および向上、栄養の改善、母性および乳幼児の保健、精神保健、長期に療養を必要とする子どもの保健等の企画、調整、指導や必要な事業を行う行政機関である。都道府県、指定都市、中核市その他の政令で定める市または特別区に設置されている。児童福祉法第12条の６に基づき、児童の保健についての正しい衛生知識の普及、健康相談や健康診査、必要に応じた保健指導を行い、身体に障害のある児童や疾病（しっぺい）により長期にわたり療養を必要とする児童の療育について、必要な助言を行っている。また児童福祉施設に対して、栄養の改善その他、衛生に関する助言を行っている。

市町村保健センターは、住民に対し、健康相談、保健指導および健康診査その他地域保健に関する事業を行う行政機関である。2008（平成20）年の児童福祉法改正により、乳児家庭全戸訪問事業が法定化された。生後４か月までの乳児のいるすべての家庭を訪問し、子育てに関するさまざまな不安や悩みを聞き、子育て支援に関する情報提供を行うとともに、親子の心身の状況や養育環境等を把握し、支援が必要な家庭に対して、提供するサービスの検討や助言、関係機関との連絡調整等を行っている。

○家庭裁判所

家庭裁判所は、最高裁判所、高等裁判所、地方裁判所と並ぶ裁判所で、離婚や相続などに関する家庭内の紛争および非行のある少年を専門的に取り扱う裁判所である。家庭裁判所で子どもに関する主な家事事件として取り扱われるのは、養育費の

請求、面会交流、親権者変更、未成年後見人選任、養子縁組、特別養子縁組の許可、親権喪失、親権停止、施設入所の承認（更新）等である。

家庭裁判所には、裁判官、書記官のほかに、家庭裁判所調査官が配置されており、心理学、社会学、教育学、社会福祉学等の知識や技法と、法律の知識を用いて、家事事件の審判や調停、少年事件の審判に必要な家庭内の紛争や非行の原因についての調査、面談等を行っている。

○幼稚園

幼稚園は、学校教育法第22条に基づき「義務教育及びその後の教育の基礎を培（つちか）うものとして、幼児を保育し、幼児の健やかな成長のために適当な環境を与えて、その心身の発達を助長することを目的とする」学校である。入園は満３歳から小学校就学の始期に達するまでのものとされ、教育時間は４時間が標準とされている。

幼稚園では、幼児期の教育に関するさまざまな問題について、保護者や地域住民などからの相談に応じ、必要な情報を提供し、助言を行うなど、家庭や地域における幼児期の教育の支援にも努めている。

○児童福祉施設

児童福祉施設とは、児童福祉法第７条に規定される施設であり、児童等に適切な環境を提供し、養育、保護、保育、指導、訓練等を行っている。運営は「児童福祉施設の設置及び運営に関する基準」により定められており、その基準には、それぞれの施設に配置すべき専門職の職種、人数、資格等が定められている。

図表４－１は、児童福祉施設の概要（施設の種類・利用形態・施設の目的と対象者・主な職員の基準等）をまとめたものである。

○子育て世代包括支援センター

従来、妊産婦や乳幼児等へは、母子保健分野と子育て支援分野の両面からサービスが行われてきたが、根拠法や所管官庁の違いにより、関係機関同士の情報共有や連携がうまくいっているとは言いがたいという課題があった。そこで、妊娠期から子育て期の状況を継続的、包括的に把握し、妊産婦や保護者の相談に応じるため、2015（平成27）年から子育て世代包括支援センターの設置が進められ、2017（平成29）年には、母子保健法において法定化された。2024（令和６）年には、こども家庭センターの設置にあたり、組織の見直しが図られる。

社会資源としての地域活動と担い手

子育て家庭を支える社会活動と担い手として、社会福祉協議会や児童委員、主任児童委員、NPO法人やボランティアが行う活動、同じニーズをもった保護者等が

図表4-1 児童福祉施設の概要

種類 （児童福祉法該当条文）	利用形態	施設の目的と対象者	主な職員の基準
助産施設 （36条）	入所	事情により入院助産を受けることができない妊産婦を入所させて、助産を受けさせる	第一種助産施設とは医療法の病院または助産施設で、医療法に規定する職員を配置。 第二種助産施設は医療法の助産所で、医療法に規定する職員のほか１人以上の専任または嘱託の助産師を置く。嘱託医は産婦人科医
乳児院 （37条）	入所	乳児を入院させて、養育し、退院した者について相談その他の援助を行う	小児科医師または嘱託医、看護師、個別対応職員、家庭支援専門相談員、栄養士および調理員。 （看護師は、**保育士**または児童指導員をもって代えることができる）
母子生活支援施設 （38条）	入所	配偶者のいない女子またはこれに準ずる事情のある女子およびその者の監護すべき児童を入所させて保護するとともに、自立の促進のために生活を支援し、退所した者について相談その他の援助を行う	母子支援員、嘱託医、少年を指導する職員および調理員。 母子支援員は、**保育士**、社会福祉士、精神保健福祉士等の資格を有する者。
保育所 （39条）	通所	日々保護者の下から通わせて保育を行う	**保育士**、嘱託医、調理員
幼保連携型認定こども園 （39条の２）	通所	満３歳以上の幼児に対する教育および保育を必要とする乳児・幼児に対する保育を一体的に行う	保育教諭、調理員 （保育教諭は、幼稚園教諭と**保育士**の両方有することが原則）
児童厚生施設 （児童館、児童遊園等） （40条）	利用	児童に健全な遊びを与え、健康を増進し、情操を豊かにする	児童の遊びを指導する者 （**保育士**、社会福祉士、学校教育法上の教諭となる資格を有する者、他）
児童養護施設 （41条）	入所	保護者のない児童、虐待されている児童、その他環境上養護を必要とする児童を入所させて、これを養護し、退所した者に対する相談その他の自立のための援助を行う	児童指導員、嘱託医、**保育士**、個別対応職員、家庭支援専門相談員、栄養士、調理員、他
福祉型障害児入所施設 （42条第１号）	入所	障害児を入所させて、保護、日常生活の指導および独立自活に必要な知識技能を与える	嘱託医、児童指導員、**保育士**、栄養士、調理員、児童発達支援管理責任者
医療型障害児入所施設 （42条第２号）	入所	障害児を入所させて、保護、日常生活の指導および独立自活に必要な知識技能を与え、治療を行う	医療法に規定する病院としての職員、児童指導員、**保育士**、児童発達支援管理責任者
福祉型児童発達支援センター （43条第１号）	通所	障害児を日々保護者の下から通わせて日常生活における基本的動作の指導、独立自活に必要な知識技能の付与または集団生活への適応のための訓練を行う	嘱託医、児童指導員、**保育士**、栄養士、調理員、児童発達支援管理責任者、機能訓練担当職員、他
医療型児童発達支援センター （43条第２号）	通所	障害児を日々保護者の下から通わせて日常生活における基本的動作の指導、独立自活に必要な知識技能の付与または集団生活への適応のための訓練および治療を行う	医療法に規定する診療所の職員、児童指導員、**保育士**、看護師、理学療法士または作業療法士、児童発達支援管理責任者、他
児童心理治療施設 （43条の２）	入所 通所	家庭環境、学校における交友関係その他の環境上の理由により社会生活が困難になった児童を、短期間、入所させ、または保護者の下から通わせて、社会生活に適応するために必要な心理に関する治療および生活指導を行い、あわせて退所した者について相談その他の援助を行う	医師、心理療法を担当する職員、児童指導員、**保育士**、看護師、個別対応職員、家庭支援専門相談員、栄養士、調理員
児童自立支援施設 （44条）	入所 通所	不良行為をなし、またはなすおそれのある児童および家庭環境その他の環境上の理由により社会生活への適応が困難になった児童を、短期間、入所させ、または保護者の下から通わせて、個々の児童の状況に応じて必要な指導を行い、その自立を支援し、あわせて退所した者について相談その他の援助を行う	児童自立支援専門員、児童生活支援員、嘱託医、精神科医師または嘱託医、個別対応職員、家庭支援専門相談員、栄養士、調理員 （児童生活支援員は、**保育士**、社会福祉士の資格を有する者、３年以上児童自立支援事業に従事した者でなければならない）
児童家庭支援センター （44条の２）	利用	地域の児童の福祉に関する各般の問題につき、相談に応じ、助言を行う。児童相談所や都道府県の委託を受けて要保護児童への指導を行う。 児童相談所、児童福祉施設等との連絡調整その他の援助を総合的に行う	児童福祉法第44条の２第１項に規定する業務を担当する職員。 児童福祉法第13条第３項各号の児童福祉司任用資格に該当する者

注１）「児童福祉法」及び「児童福祉施設の設備及び運営に関する法律」「幼保連携型認定こども園の学級編成、職員、設備運営に関する基準」より筆者作成

注２）主な職員の基準は、「保育士」にかかわるものを太字で示した

出典：谷田貝公昭・石橋哲成監，高玉和子・千葉弘明編著『新版 児童家庭福祉論』一藝社，pp.62～63，2018.

行う子育てサロンや子育てひろば、子育てサークル等がある。

○社会福祉協議会

社会福祉協議会は、社会福祉法第109～111条に基づき、市町村に設置される市町村社会福祉協議会、都道府県に設置される都道府県社会福祉協議会、都道府県社協の連合体で、相互の連絡および事業の調整を行うため、全国を単位として配置される社会福祉協議会連合会（全国社会福祉協議会）が設置されている。社会福祉法第109条第１項に規定される市町村社会福祉協議会は、「地域福祉の推進を図ることを目的とする団体」と規定され、子どもや青少年のボランティア活動の推進や主任児童委員との協働活動、ひとり親家庭への支援等を行っている。

○児童委員・主任児童委員

児童委員は、児童福祉法第16条に基づき市町村の区域におかれる民間の奉仕者であり、民生委員を兼ねている。担当区域の子どもや家庭および妊産婦の生活や環境の実情把握、情報の提供や援助、指導等を行うとともに、住民による市町村や福祉事務所、児童相談所への要保護児童の通告を仲介する役割を担っている。

主任児童委員は、1994（平成６）年１月に新設され、担当区域をもたずに、児童福祉に関する事項だけを専門的に担当する児童委員である。主任児童委員は、児童委員のなかから厚生労働大臣が指名することになっている。

○子育てサロン、子育てひろば

子育てサロンは、地域の身近な会場を借りて、子育て中の親子が気軽に子育てに関する悩みを相談し合ったり、仲間づくりや情報交換等を行って、さまざまな問題の解決を図ることを目的に開かれている。運営は子育てを終えた先輩ママや小学校のPTAなど、地域のボランティア、児童委員（主任児童委員）、地域の関係機関職員、社会福祉協議会職員等、多くの人たちがかかわっている。

子育てひろばは、地域子育て支援の拠点として、０～３歳を中心とした乳幼児とその親が一緒に遊んで過ごせる場である。国の地域子育て支援拠点事業の１つで、市町村から事業を委託された社会福祉協議会やNPO法人等が運営している。

○子育てサークル

子育てサークルは、子育て中の母親たちが地域を拠点に集まり、日常生活や子育てに関する不安や孤独感、悩み等を相談したり、情報交換、情報共有等を行うグループである。母親たちが仲間を募（つの）り、自発的にグループを組織化したり、児童館で行われる地域活動や、地域子育て支援拠点事業などの活動への参加を通じて知り合い、活動が活発化したりする。活動には、子育て中の母親や子どものほかに、ボランティア、地域の関係機関職員、社会福祉協議会の職員等もかかわったりしている。

Step 2

事例を通した社会資源との連携の理解

多くの生活課題をかかえる子どもや家族が、社会資源とかかわり、連携を図っていくことによって、課題の解決に向けて取り組んでいくことについて、事例を通して解説する。

事例：「多くの生活課題をかかえるひとり親家庭への支援」

〈事例の経過〉

兄は4歳、弟は2歳である。実母は、長男が生まれた頃から、夫からDVを受けており、子どもたちも心理的虐待（ぎゃくたい）を受けていた。やがて実母は夫から逃れるため、福祉事務所へ相談に行き、女性相談センターで母子一緒に一時保護された。その後生活保護申請を行い、実母ときょうだいはアパートを借りて、3人での生活をはじめた。実母は結婚前から心療内科に通院していた。

援助に至る経過

ある朝、保育所に登園して来た弟の顔に青あざがあるのに気づいた保育者は、「その青くなったところ、どうしたの？」と聞くと、「僕が悪いことをしたから、ママに叩かれた」と答えた。すぐに身体を確認してみると、顔だけでなく、身体の数か所に殴られたような跡が見つかった。

兄にも虐待を受けた形跡が見つかったため、保育所は緊急職員会議を開き、園長が児童相談所に虐待通告を行った。そしてきょうだいは児童相談所へ即日一時保護された。

同日、実母はK病院から適応障害の診断を受けて入院した。実母の病状から、入院が長期化する可能性があるという診断で、きょうだいは児童養護施設へ入所することになった。

家族再統合に向けてのアセスメント、プランニング、支援の実施

実母は約2年間、K病院に入院し、退院後は同病院のデイサービスを経て、就労継続支援事業所（A型）に通所するようになった。実母は生活の安定が図れるようになったら、きょうだいを引き取りたいという希望をもっていた。そこで、実母の主治医、児童相談所の児童福祉司、児童養護施設の職員でミニカンファレンスが行われた。主治医から「実母の精神疾患（しっかん）の完治は難しいが、病気とうまく付き合いながら、生活のサポート体制が整うようであれば家族再統合も可能ではないか」という意見が出された。

そこで児童相談所は、具体的な家庭復帰に向けての提案を行った。そして、児童相談所の児童福祉司、実母、児童養護施設職員、児童家庭支援センター職員、児童委員の5者で関係者会議を開き、地域レベルで母子を支える基盤として「A市子ども家庭支援センター」に協力を求め、ネットワークの構築がはじまった。子ども家庭支援センター職員は、家庭訪問や面談を通して、実母との関係構築を行っていった。

児童養護施設では、子どもたちの家庭復帰に向けての準備がはじまった。定期的な母子面談を経て、1年後の家庭復帰をめざして、定期外泊へと移行していった。実母と子どもたちは「家で暮らす」ことをテーマに、長期休暇中の外泊を続けた。はじめは外食やテーマパークへの外出等が多かったが、外泊後の振り返りのなかで、家で暮らすという生活イメージ形成が行われ、目的をもった外泊が続けられた。同時に、子どもたちの課題やそれに対する施設での対応、子ども自身のもつ「強さ（ストレングス）」を職員が実母に伝え、一緒に子育てについて考えていった。また引き取り後の地域支援の軸となる「A市子ども家庭支援センター」とも連携を図り、両施設間での情報共有や関係づくりを行っていった。

終結とアフターケア

最終的には、児童相談所、児童養護施設、子ども家庭支援センター、実母の主治医、就労継続支援事業所（A型）、市役所の生活保護課、保育所、小学校等、この家族を取り巻くさまざまな関係機関が、母子の生活を支援するために必要な環境整備を行っていった。そして実母の病状安定と母子関係の改善、地域支援体制の確立が図られたことによって、家庭復帰が可能と判断され、子どもたちは児童養護施設を退所し、家庭復帰が実現した。

今後は、子ども家庭支援センターや児童委員、子どもたちが通う保育所や小学校等、地域の関係機関の支援を受けながら、家族は生活を行っていくことになった。

この事例は、多くの生活課題をかかえるひとり親家庭のケースであり、保育所に通う子どもに虐待の形跡が見られたことから、保育所が児童相談所に通告し、支援がはじまった。そして入所した児童養護施設では、家庭復帰をめざした支援を行っていった。主治医から家庭復帰が可能であろうという見立てが出され、さまざまな社会資源との連携へとつながった。

家族を支えるために、児童相談所、児童養護施設、子ども家庭支援センター、実母の主治医、就労継続支援事業所（A型）、市役所の生活保護課、保育所、小学校といった機関・施設が、それぞれの専門性を活かして担うべき役割を果たし、家族で暮らすために必要な環境整備を行っていくことで、家庭復帰が可能となった。キーパーソンとしての子ども家庭支援センターをはじめ、それを支える児童委員、保育所、小学校との連携も重要であった。

Step 3

社会資源活用の現状・課題・展望

Step 1 では、子育て家庭が利用できる社会資源の種類や内容について解説し、Step 2 ではその社会資源を活用した事例を紹介した。Step 3 では、社会資源利用の現状と課題、今後の展望について解説したい。

私たちは日常、フォーマルな社会資源とインフォーマルな社会資源をうまく組み合わせることによって生活をしている。近年では、子育て家庭のニーズが多様化し、それにともなって子育てに関する社会資源も多様化する傾向にある。

それでは、社会資源を活用する子どもや家族は、今ある社会資源を有効に活用できているのだろうか。

社会資源活用の現状

何らかの生活課題をかかえる子どもや家族は、ニーズを充足するためにさまざまな社会資源を活用し、課題を解決しようと努力している。しかし、すべての利用者が社会資源について理解しているわけではない。活用できる社会資源にはどのようなものがあって、どこに行けばそれを利用できるのか、またそれを利用するためには、どのような手続きが必要なのか等を、保育者をはじめとする子育て支援にたずさわる者はきちんと把握（はあく）し、利用方法について説明できるようにしておくことが重要である。また社会資源に関する情報は、できるだけ幅広い範囲から収集しておくことが望ましい。

利用者が社会資源を活用するにあたって、支援者はその社会資源を利用するメリット、デメリットをきちんと伝え、理解を求めることになる。利用者自身が内容をきちんと理解しないまま、「支援者が薦めてくれたから大丈夫だろう」と安易（あんい）に選択してしまうことになれば、自分の意思で社会資源を選択したという意識をもつことはできない。利用者のかかえる課題の本質やこれまでの経緯を一番よく理解しているのは利用者本人であるため、利用者自身が選択することで、利用者は問題解決に向けての動機づけを高めることができ、結果として課題解決につなげていくことができることを、支援者は理解しておかなければならない。

通常、支援のはじまりは、支援を求める利用者が相談機関等を訪れ、相談を行うことからはじまるが、専門職から見ると支援が必要であるにもかかわらず、自ら支援を求めようとしない利用者も多い。また本人が支援の必要性を感じておらず、支援を求めてこない場合でも、近隣住民や匿名（とくめい）の通報や情報提供等の第三者からの支援を求める声も重要なことが多い。「生活に変化がみられる」「近隣住民として気にかかる」といって持ち込まれる情報は大いに役立つ。このような通報や情報提供があった場合、支援者は本人からあらためて相談をするようにうながすだけでなく、その情報をていねいに確認し、積極的にはたらきかけていくことが求められている。

また支援を必要とする人のなかには、支援を求めたいと思っていても、それを求める力を失っていたり、他者とのかかわりを拒否したり、避けている人もいる。しかし、このような人ほど支援の必要性が高く、支援者は彼らがきちんと利用者になれるように配慮していくことが求められている。

社会資源の調整

子育て家庭は、関係する機関、施設、専門職、地域で活動する人等、複数の社会資源を利用しながら、生活課題の改善を図っている。子育て支援にたずさわる者は、子どもや保護者のニーズに寄り添い、適切な社会資源を家族とつなげていくことが求められる。地域に似たようなサービスを提供している事業所が複数存在したり、サービス内容や利用時間等に偏（かたよ）りがみられた場合には、現状をきちんと整理し、関係者でサービス内容やサービス時間帯を調整するなど、利用者が活用しやすいようにサービスを変更していくことが求められる。

また社会資源を適切に活用し、効果的な支援を行っていくためには、関係する機関や施設、専門職、地域で活動している人等との連携を欠かすことはできない。密接な連携を図るためには、日ごろからの情報交換やコミュニケーションをとることはもちろん、ケース検討会や学習会等を積極的に行い、連携先がもっている社会資源ともつながっていくことが大切である。

社会資源の開発と創出

子育て家庭が生活している地域に、すでに必要な社会資源が存在していることが望ましいが、現実には有効な社会資源がない場合もある。このような場合には、必要な社会資源を開発し、創出（そうしゅつ）していくことが求められる。

また、すでに存在している社会資源であっても、使い勝手が悪い場合には、社会資源の改良や修正を行う必要がある。しかし、すぐに新たな社会資源を創出するのは容易ではないため、日ごろから子どもや家族と密接なコミュニケーションを図り、彼らがどのような悩みをかかえがちであるのか、どのような社会資源があればよいと思っているのか等を把握しておくことも重要である。そして、必要に応じて関係機関、施設、専門職等と連携を図りながら、社会資源を開発していくことも忘れてはならない。

参考文献

- 公益財団法人 児童育成協会監，新保幸男・小林理編『基本保育シリーズ⑬ 家庭支援論 第２版』中央法規出版，2017.
- 渋谷哲・山下浩紀編『新版 ソーシャルワーク実践事例集――社会福祉士をめざす人・相談援助に携わる人のために』明石書店，2016.
- 谷田貝公昭・石橋哲成監，高玉和子・千葉弘明編著『新版 児童家庭福祉論』一藝社，2018.
- 橋本真紀・山縣文治編『よくわかる家庭支援論 第２版』ミネルヴァ書房，2015.
- 公益財団法人 児童育成協会監，松原康雄・村田典子・南野奈津子編『基本保育シリーズ⑤ 相談援助』中央法規出版，2015.
- 『子ども家庭福祉六法 令和４年版』中央法規出版，2021.

COLUMN 施設保育士と専門性

保育士の資格をもつ人が働く現場として、多くの人が保育所や認定こども園等をイメージすると思われるが、保育所以外の児童福祉施設や病院内保育所等で活躍している保育士も多く存在している。一般的に、保育所で働く保育士を保育所保育士、保育所以外の児童福祉施設等で働く保育士を施設保育士と呼んでいる。保育所保育士と施設保育士は、子どもの保育（ケア）を行うという意味では共通することもあるが、保育所とその他の児童福祉施設は目的や対象が異なるため、専門性について求められるものも異なっている。

日本児童養護実践学会は2015（平成27）年より、独自に「児童養護福祉士」資格を創設し、「児童養護領域において優れた養育とソーシャルワークの技術と知識を用いて、水準の高い実践のできる人材の育成を行う」ことを目標に養成を行っている。

また日本医療保育学会では、2007（平成19）年３月に「医療保育専門士」資格を創設し、医療型障害児入所施設等で生活している重症心身障害児のために、医療的知識をもった保育士の養成を行っている。このように、社会状況の変化や医学の進歩等にともなって、保育士にはより高度な専門性が求められる時代が到来している。

（村田典子）

第5講

保育の専門性を活かした子ども家庭支援とその意義

保育の専門性を備えた保育士が、その特性を活かし、継続的に子どもの発達の援助および保護者に対する子育て支援を行うことができる。そこで本講では、まず保育の専門性と相談援助の関連性について学ぶ。次に、保育所保育指針から子育て支援の意義を知り、学びを深める。最後に幼保連携型認定こども園教育・保育要領から、求められている専門性を活かした子育て支援のあり方を学ぶ。

Step 1

1. 保育の専門性を活かした子ども家庭支援とその意義

保育の専門性とは何か

保育の専門性とはどのような事柄（ことがら）を指すのか、児童福祉法では次のように定義している。

> **児童福祉法**
> **第18条の４**　この法律で、保育士とは、第18条の18第１項の登録を受け、保育士の名称を用いて、専門的知識及び技術をもつて、児童の保育及び児童の保護者に対する保育に関する指導を行うことを業とする者をいう。

専門的知識に関しては、おおむね乳幼児期の発達段階をふまえたかかわりを、遊びを通じて行うことができること、また、技術においては従来から重要とされている基礎技能があてはまる。これらの専門的知識および技術を基盤にしながら、子どもや保護者と接することになる。

そのなかで、保護者に対する保育に関する指導とは、保育所保育指針において、「保護者が支援を求めている子育ての問題や課題に対して、保護者の気持ちを受け止めつつ行われる、子育てに関する相談、助言、行動見本の提示その他の援助業務の総体」（保育所保育指針解説　第４章　子育て支援）を指しているといえる。つまり、家庭において安定した親子関係が築（きず）かれ、保護者の養育力の向上につながることを目指し、子どもの保育に関する専門性を有する保育士が、保育の専門的知識・技術を背景としながら行うものである。

保育における相談援助と保育の専門性の関連

子育てに関する相談、助言、行動見本の提示等を含めて、相談援助という言葉で表すことができる。保育における相談援助とは「子育てに関する不安や悩みを家庭

図表5-1　子どもを中心としたかかわり（チャイルド・センタード・ケア）

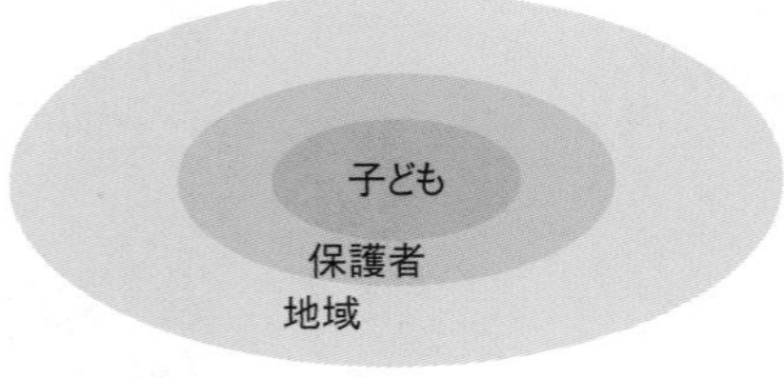

相談援助とは、子どもを中心にすえ、子どもを取り巻く保護者、地域との接点をつなぎ、つながりを強めていくことといえる。

や地域に寄り添い、子どもの最善の利益を第一に据え、子ども・家族とそれらを取り巻く環境との調整を図る」ことと言い表せる。

保育における相談援助で重要な視点としては、保育所に入所中の子どもの保護者支援と地域の子育て支援が保育所保育指針のなかで定められており、「保育所の特性を活かした支援」「保護者の養育力向上に結び付く支援」「地域の社会資源の活用」などが示されている。

この場合、保育所における保護者に対する子育て支援は、子どもの最善の利益を念頭に置きながら、保育と密接に関連して展開されるところに特徴があることを理解して行う必要がある。

保護者に対する基本的な態度

子育て支援を行うにあたって、保育士には一人ひとりの保護者を尊重しながら、保護者のありのままを受け止める受容的な態度が求められる。保育士が保護者自身の思い煩いに寄り添い、子どもの成長をともに喜び、ともに愛情を注いでいくことを通じて、保護者はわが子を育てる意欲や自信をふくらませていくことができる。保育士に求められるのは、保護者とのコミュニケーションにおいて、保護者が抱いている子育ての不安を自信に変え、子育てを楽しいと感じられるような環境構成やはたらきかけである。

保護者とのコミュニケーション

保育所は、毎日子どもが通い、１日の大半を過ごす施設なので、子ども一人ひとりの発達の援助や保護者への子育てに関する支援を継続的に行うことが可能である。設置された地域において子育て支援を行う施設の１つであり、乳児期、幼児期から就学前に至る子ども一人ひとりの育ちを深く理解し、成長を支える支援を実践している場であり、保護者にとっては日常の子育てを支えてくれる存在になる。

支援に関する留意点

保護者に対して子育て支援を行い、それが適切なものであるためには、保育の専門性や機能が十分に活かされるような取り組みを図ることが重要である。それを基礎にしたうえで、専門職の役割や範囲に加えて、関係機関のはたらきや関係者の機能や役割を理解し、他機関との協働や連携をいつも意識して、さまざまな社会資源のよさや特性を活かして支援に取り組むことが大切である。

保育士は地域の子育て支援に関する情報を的確に把握し、保護者の状況に応じて紹介したり、提供したりすることが求められる。保育士に求められるのは、相談援助の基本的な知識と姿勢、その２つを基礎にした技術を積み上げ、子どもや保護者に対する支援に取り組むことである。

保育の専門性と倫理綱領

保育の専門性を項目別に示したものとして、全国保育士会倫理綱領があげられる（**第２講参照**）。これは、保育士にとってルールブックといえるものである。

前文では保育士の基本的姿勢として、子どもが現在（いま）を生活し、未来（あす）を生きる力を育てる保育の仕事に誇りと責任をもつこと、保育士自らの人間性・専門性向上をめざしたうえで、「子どもの育ちを支える」「保護者の子育てを支える」「子どもと子育てに優しい社会づくり」を重点に掲げている。具体的な項目としては、次の８つとなる。

① 子どもの最善の利益の尊重

日々の保育を通して、子どもの最善の利益を第一に考える。

② 子どもの発達保障

養護と教育が一体となった保育を通して、一人ひとりの子どもが心身ともに健康、安全で情緒の安定した生活ができ、生きる喜びと力を育むことを基本とする。

③ 保護者との協力

保護者のおかれた状況や意向を受け止め、保護者との協力関係のもと、子どもの育ちを支える。

④ プライバシーの保護

保育を通して知り得た一人ひとりの個人情報を確実に保護する。

⑤ チームワークと自己評価

保育士同士のチームワークおよび専門機関との連携を大切にする。また、保育士自身の自己評価を率先して行い、保育の質の向上に担保する。

⑥ 利用者の代弁

日々の保育を通して子どもからのニーズを受け止め、子どもの立場に立って思いや願いを代弁する。

⑦ 地域の子育て支援

地域住民や各関係機関と連携して子育て支援を展開し、ネットワークを駆使して地域での保育力の向上をめざす。

⑧ 専門職としての責務

保育士はその専門職に与えられた責務を果たすために、積極的に研修や自己研（けん）

鑽（さん）に努める。

与えられた環境において、保育士が上記の項目一つひとつを実践し積み上げていくことを通して、保育士としての専門性を大切にした取り組みが可能になるといえる。

2. 保育者の専門性（具体的なコミュニケーション）

保護者とのコミュニケーションとしては、普段の送迎時における会話や連絡帳でのやりとり、電話での会話や面談、懇談（こんだん）、面接など、さまざまな機会や場面を通して実施することができる。

保護者からの相談に応じて、助言やアドバイスを行う保育士に求められる姿勢は、①保護者のありのままを受け止める（受容）、②保護者自身が選択し、決定する（自己決定）、③保護者や子どもの個人情報をむやみに第三者に話さない（プライバシーの保護、守秘義務）ことを基本にすえながら、保護者と子ども（家庭）の実態や現状、状況を客観的に把握し、心情を理解し、保護者自身が納得して解決に向かうように支えることが肝要である。

併せて、園内で保護者と向き合う場所や、時間帯も考慮する必要がある。預けるとき、お迎えのとき、または曜日によってなど、保護者によって余裕のある時間帯には違いがあることに配慮することが大切である。

また、保護者と話をする内容も、簡潔かつわかりやすくすることが求められる。家庭内外のさまざまな事柄に向き合う必要がある保護者にとって、時間を有効に使うことはとても重要である。この背景を汲（く）み取（と）れるか否かが、保護者と保育士の信頼関係の構築に大きな意味をもつ。

話の内容によって、場所を選ぶことも重要である。立ち話ですむのか、座ったほうがよいのか、周囲に他者がいない場所を選ぶのか。場合によっては保育室や応接室等を活用することも求められる。

保育士は、子ども一人ひとりの発達の援助や、保護者への子育てに関する支援を継続的に行うことが可能である。保育所には、看護師や栄養士といった、子どもの成長発達を支えるのに必要不可欠な専門職も配置されている。さらに、入所している子どもや保護者だけではなく、地域の公的施設として、入所していない子どもや保護者にその専門性を提供することも可能である。保育士をはじめとする専門職が、子ども一人ひとりを深く理解する視点を伝えたり、日々の保育を通じてその実践を示していくことも、保護者にとって日常の子育てを支える支援になる。

Step2

1. 保育所保育指針が謳う「子育て支援」

2017（平成29）年に告示された保育所保育指針において、従来の保護者支援から子育て支援に名称が変更され、保育所を中心とした子育て支援のあり方と、地域関係機関との連携がより詳しく記載されるようになった。以下、保育の専門性を活かした支援として求められている事柄（ことがら）を整理する。

保育における子育て支援

保育所保育指針においては、「第４章　子育て支援」において、保育所を利用する保護者だけにとどまらず、普段通所していない地域の保護者も対象にしており、保育所を中心とした子育て支援が謳（うた）われている。

保育所保育指針　第４章　子育て支援

保育所における保護者に対する子育て支援は、全ての子どもの健やかな育ちを実現することができるよう、第１章及び第２章等の関連する事項を踏まえ、子どもの育ちを家庭と連携して支援していくとともに、保護者及び地域が有する子育てを自ら実践する力の向上に資するよう、次の事項に留意するものとする。

1　保育所における子育て支援に関する基本的事項

⑴　保育所の特性を生かした子育て支援

ア　保護者に対する子育て支援を行う際には、各地域や家庭の実態等を踏まえるとともに、保護者の気持ちを受け止め、相互の信頼関係を基本に、保護者の自己決定を尊重すること。

イ　保育及び子育てに関する知識や技術など、保育士等の専門性や、子どもが常に存在する環境など、保育所の特性を生かし、保護者が子どもの成長に気付き子育ての喜びを感じられるように努めること。

⑵　子育て支援に関して留意すべき事項

ア　保護者に対する子育て支援における地域の関係機関等との連携及び協働を図り、保育所全体の体制構築に努めること。

イ　子どもの利益に反しない限りにおいて、保護者や子どものプライバシーを保護し、知り得た事柄の秘密を保持すること。

2　保育所を利用している保護者に対する子育て支援

⑴　保護者との相互理解

ア　日常の保育に関連した様々な機会を活用し子どもの日々の様子の伝達や収集、保育所保育の意図の説明などを通じて、保護者との相互理解を図るよう努めること。

イ　保育の活動に対する保護者の積極的な参加は、保護者の子育てを自ら実践する力の向上に寄与することから、これを促すこと。

⑵　保護者の状況に配慮した個別の支援

ア　保護者の就労と子育ての両立等を支援するため、保護者の多様化した保育の需要に応じ、病児保育事業など多様な事業を実施する場合には、保護者の状況に配慮するとともに、子どもの福祉が尊重されるよう努め、子どもの生活の連続性を考慮すること。

イ　子どもに障害や発達上の課題が見られる場合には、市町村や関係機関と連携及び協力を図りつつ、保護者に対する個別の支援を行うよう努めること。

ウ　外国籍家庭など、特別な配慮を必要とする家庭の場合には、状況等に応じて個別の支援を行うよう努めること。

(3)　不適切な養育等が疑われる家庭への支援

ア　保護者に育児不安等が見られる場合には、保護者の希望に応じて個別の支援を行うよう努めること。

イ　保護者に不適切な養育等が疑われる場合には、市町村や関係機関と連携し、要保護児童対策地域協議会で検討するなど適切な対応を図ること。また、虐待が疑われる場合には、速やかに市町村又は児童相談所に通告し、適切な対応を図ること。

3　地域の保護者等に対する子育て支援

(1)　地域に開かれた子育て支援

ア　保育所は、児童福祉法第48条の4の規定に基づき、その行う保育に支障がない限りにおいて、地域の実情や当該保育所の体制等を踏まえ、地域の保護者等に対して、保育所保育の専門性を生かした子育て支援を積極的に行うよう努めること。

イ　地域の子どもに対する一時預かり事業などの活動を行う際には、一人一人の子どもの心身の状態などを考慮するとともに、日常の保育との関連に配慮するなど、柔軟に活動を展開できるようにすること。

(2)　地域の関係機関等との連携

ア　市町村の支援を得て、地域の関係機関等との積極的な連携及び協働を図るとともに、子育て支援に関する地域の人材と積極的に連携を図るよう努めること。

イ　地域の要保護児童への対応など、地域の子どもを巡る諸課題に対し、要保護児童対策地域協議会など関係機関等と連携及び協力して取り組むよう努めること。

2. 子ども家庭支援で特に留意すべき事項

保護者に対する支援の原則

保護者に対して支援を行う際に留意(りゅうい)しなければならないこととしては、保育士の専門的な支援を通じて、その家庭における安定した親子関係が保障され、保護者自身の養育力の向上につながることが重要である。保育士は子どもの最善の利益を第一に考え、日々の保育のなかで具体的に保護者が参加できる内容を提示し、その技術を保護者自身が獲得して実践できることをめざしていかなければならない。

保護者と協力して子どもの育ちを支える視点

保護者に対する支援にあたっては、保育士が保護者と協力して子どもの育ちを支える視点をもって、子どもの育ちの姿とその意味を保護者にていねいに伝え、子どもの育ちを保護者とともに喜び合うことを重視する。保護者の養育する姿勢や力の発揮を支えるためにも、保護者自身の主体性、自己決定を尊重することが基本となる。

そのため、家庭支援を行うにあたっては、子どもと保護者の関係、保護者同士の関係、子どもや保護者と地域の関係を把握し、それらの関係性を高めることが、保護者の子育てや子どもの成長を支える大きな力になることを念頭においてはたらきかけることが大切である。

保護者に対する基本的態度

子ども家庭支援にあたり、一人ひとりの保護者を尊重しつつ、ありのままを受け止める受容的態度が求められる。受容とは、不適切と思われる行動等を無条件に肯定することではなく、そのような行動も保護者を理解する手がかりとする姿勢を保ち、援助を目的として敬意をもってより深く保護者を理解することである。

援助の過程においては、保育士は保護者自らが選択、決定していくことを支援することが大切である。このような援助関係は、安心して話をすることができる状態が保障されていること、プライバシーの保護や守秘義務が前提となる。このように保育士が守秘義務を前提としつつ保護者を受容し、その自己決定を尊重する過程を通じて両者の間に信頼関係が構築されていく。

また、保育士が保護者の不安や悩みに寄り添い、子どもへの愛情や成長を喜ぶ気持ちを共感し合うことによって、保護者は子育てへの意欲や自信をふくらませることができる。保護者とのコミュニケーションにおいては、子育てに不安を感じている保護者が子育てに自信をもち、子育てを楽しいと感じることができるよう、保育所や保育士等によるはたらきかけや環境づくりが望まれる。

保護者とのコミュニケーションの実際

保護者とのコミュニケーションは、日常の送迎時における対話や連絡帳、電話、面談など、さまざまな機会をとらえて行うことができる。保護者の受容、自己決定の尊重、プライバシーの保護や守秘義務などの基本的姿勢をふまえ、子どもと家庭の実態や保護者の心情を把握し、保護者自身が納得して解決に至ることができるようにする。そのうえで、状況に応じて、地域の関係機関等との連携を密にし、それらの専門性の特性と範囲をふまえた対応を心がけることが必要である。

保育所の特性を活かした地域子育て支援

地域における子ども家庭支援は、保育所の特性を活かして行うことが重要である。気軽に訪れ、相談することができる保育所が身近にあることは、家庭で子どもを育てていくうえでの安心感につながる。保護者が抱くさまざまな育児の不安を和らげ、虐待（ぎゃくたい）の防止に資する役割が保育所にも求められていることをふまえ、地域の子育て家庭を受け入れていくことが重要である。

地域の実情に応じた取り組みを通して、それぞれの地域がかかえる子育ての課題や多様な保護者への理解を積み重ねていくことで、さらに地域の実態に即（そく）した子ども家庭支援を行うことが可能となる。こうした経験を通じて得た地域の子育て家庭への理解を、各保育所の体制に応じて支援に活かしていくことが望まれる。

また、保育所の地域における子育て支援にかかわる活動が、関係機関との連携や協働、子育て支援に関する地域のさまざまな人材の積極的な活用のもとで展開されることで、子どもの健全育成や子育て家庭の養育力の向上、親子をはじめとするさまざまな人間関係づくりに寄与（きよ）し、地域社会の活性化へとつながっていく。

対人援助職としての保育士

対人援助職とは、身体的、精神的、社会的などのさまざまな要因によって課題に直面している個人や家族に対して援助を行う専門職を指す。医療系や心理系の専門職などが該当するが、保育士等もそれに準ずるととらえられている。対人援助の際に重要なキーワードの１つとして、エンパワメントとストレングスがあげられる。

エンパワメントとは、本来自分に備わっている力に気づき、力を取り戻すことを指している。また、ストレングスとは、特性、性格、持ち味、得意とする事柄などがあげられる。

対人援助を簡潔に表すと、「個々のストレングスに着目し、エンパワーしていくこと」といえる。保育士は、子どもや保護者のよいところを見つけ出し、子どもや保護者本人が自身のよさに気づき、さまざまな事柄に向かっていく力を取り戻せるように、支える姿勢が肝要である。

Step3

幼保連携型認定こども園教育・保育要領における子育ての支援

幼保連携型認定こども園における家庭支援は、子どもの最善の利益を最優先に考えられており、子ども一人ひとりの育ちを家庭と連携して支援していく基本姿勢のもと、保護者や地域が本来持ち合わせている子育て力を当事者自身が実践できる方向に導いていくことが主眼となっている。

幼保連携型認定こども園教育・保育要領　第4章　子育ての支援

幼保連携型認定こども園における保護者に対する子育ての支援は、子どもの利益を最優先して行うものとし、第1章及び第2章等の関連する事項を踏まえ、子どもの育ちを家庭と連携して支援していくとともに、保護者及び地域が有する子育てを自ら実践する力の向上に資するよう、次の事項に留意するものとする。

第1　子育ての支援全般に関わる事項

1　保護者に対する子育ての支援を行う際には、各地域や家庭の実態等を踏まえるとともに、保護者の気持ちを受け止め、相互の信頼関係を基本に、保護者の自己決定を尊重すること。

2　教育及び保育並びに子育ての支援に関する知識や技術など、保育教諭等の専門性や、園児が常に存在する環境など、幼保連携型認定こども園の特性を生かし、保護者が子どもの成長に気付き子育ての喜びを感じられるように努めること。

3　保護者に対する子育ての支援における地域の関係機関等との連携及び協働を図り、園全体の体制構築に努めること。

4　子どもの利益に反しない限りにおいて、保護者や子どものプライバシーを保護し、知り得た事柄の秘密を保持すること。

第2　幼保連携型認定こども園の園児の保護者に対する子育ての支援

1　日常の様々な機会を活用し、園児の日々の様子の伝達や収集、教育及び保育の意図の説明などを通じて、保護者との相互理解を図るよう努めること。

2　教育及び保育の活動に対する保護者の積極的な参加は、保護者の子育てを自ら実践する力の向上に寄与するだけでなく、地域社会における家庭や住民の子育てを自ら実践する力の向上及び子育ての経験の継承につながるきっかけとなる。これらのことから、保護者の参加を促すとともに、参加しやすいよう工夫すること。

3　保護者の生活形態が異なることを踏まえ、全ての保護者の相互理解が深まるように配慮すること。その際、保護者同士が子育てに対する新たな考えに出会い気付き合えるよう工夫すること。

4　保護者の就労と子育ての両立等を支援するため、保護者の多様化した教育及び保育の需要に応じて病児保育事業など多様な事業を実施する場合には、保護者の状況に配慮するとともに、園児の福祉が尊重されるよう努め、園児の生活の連続性を考慮すること。

第3　地域における子育て家庭の保護者等に対する支援

3　幼保連携型認定こども園は、地域の子どもが健やかに育成される環境を提供し、保護者に対する総合的な子育ての支援を推進するため、地域における乳幼児期の教育及び保育の中心的な役割を果たすよう努めること。

上記の項目から、特に重要な点をまとめると次の２点になる。

① 子どもの利益を最優先し、かつ保護者の自己決定や自己選択を尊重（そんちょう）するように努めることが必要である。その際、保護者が単に支援を受ける側になるのではなく、園も保護者からの情報や思いを受け止めて、「教育及び保育」に活かし、園と保護者が協力して、子どもの育ちを支えていく関係を築いていくことが望まれている。

② 保護者の健やかな状態を維持し、保護者の悩みが重大な問題とならないようにする、支援の「予防」的機能を重視している。具体的には、保育教諭等が保護者との日常的なやりとり等のなかで悩みに気づいたり、保護者をさりげなく支えるような声かけをするなどの、きめ細やかな、保護者の安心感につながる支援が望まれている。

保育士をはじめとする対人援助職は、ときとして、「支援をする側」と「される側」に分かれて対応してしまうことがある。対象者の最善の利益を第１に考え、相手の立場に立った支援を行うためには、保育士等の姿勢（言葉かけや目線の動き、表情など）が重要である。言葉で表さなくても、支援を行う者の仕草や表情で、子どもや保護者に安心を与え、信頼感が積み重ねられる。子どもの最善の利益や、保護者の自己決定・自己選択を尊重する第一歩は、保育士等のもつ姿勢から始まっている。

これらの事柄（ことがら）から、従来の幼稚園、保育所のスタイルから、幼保連携型認定こども園に推移していく今後の状況をよく理解して、養護と教育が一体となった子ども家庭支援を新たに考え出す必要がある。

参考文献

- 公益財団法人児童育成協会監，松原康雄・村田典子・南野奈津子編『基本保育シリーズ⑤相談援助』中央法規出版，2015.
- 公益財団法人児童育成協会監，西村重稀・青井夕貴編『基本保育シリーズ⑲保育相談支援』中央法規出版，2015.

COLUMN　特別な配慮を必要とする子どもや家庭への支援

特別な配慮というと、障害や発達課題をかかえた子どもや家庭への支援だけに焦点をおきやすいが、今回の幼稚園教育要領や保育所保育指針においては、幅広くその支援対象が拡大されている。

例えば、外国籍家庭や外国にルーツをもつ家庭、ひとり親家庭、貧困家庭等、特別な配慮を必要とする家庭では、社会的困難をかかえている場合も多い。日本語によるコミュニケーションがとりにくいこと、文化や習慣が異なること、家庭での育児をほかに頼ることができないこと、生活が困窮していることなど、その問題も複雑化、多様化している。

また、多胎児、低出生体重児、慢性疾患のある子どもの場合、保護者は子育てに困難や不安、負担感を抱きやすい状況にあり、子どもの生育歴や各家庭の状況に応じた支援が必要となる。

こうしたさまざまな問題に不安を感じている保護者は、その悩みを他者に伝えることができず、問題をかかえ込む場合もある。子ども家庭支援を行う際は、保護者の不安感に気づくことができるよう、送迎時などにおけるていねいなかかわりのなかで、家庭の状況や問題を把握する必要がある。

（田邉哲雄）

第6講

子どもの育ちの喜びの共有

子育て支援のプロセスの1つとして、「子どもの育ちの喜びの共有」があげられる。本講では、Step1 で子どもの育ちの喜びを共有することは保護者にとってどのような意味をもつのかについて、保育所保育指針や幼保連携型認定こども園教育・保育要領、幼稚園教育要領の内容を紐解きながら考える。さらに Step2 では、育ちの喜びを共有するためのツールを紹介する。そのうえで Step3 では、そのツールを活用して「子どもの育ちの喜びの共有」を可視化（見える化）することの意味と、その効果について考えていく。

Step 1

1. 学生のレポートから考える

次の文章は、筆者が以前勤務していた保育士養成施設の学生（Aさん）が、月に一度の実習体験を綴（つづ）ったレポートである。Aさんは３歳児クラスで実習をしていた。

> 今回の実習で一番印象に残っていることは、男の子が一人で排泄（はいせつ）できるようになったことです。担任のB先生は「一人でできたの？」「今日が初めて？」と少し興奮気味に質問していましたが、うれしそうに男の子は「うん」と笑顔で質問に答えていました。そしてB先生が「お迎えに来たらお母さんに伝えようね。きっと喜ぶね」と言ったとき、男の子の表情がさらにパアッと明るくなったのを、今でも鮮明に覚えています。その表情を見て、B先生も「うんうん」と笑顔でうなずいていました。
>
> わが子の成長をお母さんに伝えたい。そして一緒に喜びたい。そんな先生の気持ちを感じ、私もB先生のように、子どもの成長を母親と一緒に喜べるような保育士になりたいと思いました。

「保護者と子どもの育ちの喜びを共有したい」という気持ちは、保育士を志す学生としては自然なものである。おそらくAさんは、保護者と子どもの育ちを喜べる姿を尊敬のまなざしで見ながら、憧れを抱いたのではないだろうか。子どもの育ちの喜びを分かち合えることは、その保護者との信頼関係のあかしでもあるからだ。

「子どもの育ちの喜びを共有したい」という気持ちが、保育士や保育士を志す学生の自然な気持ちだとして、それは保護者にとってどんなよいことがあるのか。保護者と子どもの育ちの喜びを共有すること、そこにどのような意味があるのか。

Step 1では、保育所保育指針や幼保連携型認定こども園教育・保育要領、幼稚園教育要領（保育３法令）の記述から、これらを考えてみたい。

2. 保育３法令から考える

保育所保育指針の内容

2008（平成20）年改定の保育所保育指針（以下、保育指針）では、「第６章　保護者に対する支援」において、保育所における保護者に対する支援の基本の㈡に「保護者とともに、子どもの成長の喜びを共有すること」が盛り込まれた。「子どもの育ちの喜びの共有」に関する内容が保育指針に記載されたのは、これがはじめてのことであった。

さらに、2017（平成29）年に改定された現行の保育指針では「保護者に対する支援」に代わって、新たに「子育て支援」の章が設けられた。

> **保育所保育指針　第４章　子育て支援**
> 1　保育所における子育て支援に関する基本的事項
> (1)　保育所の特性を生かした子育て支援
> ア　保護者に対する子育て支援を行う際には、各地域や家庭の実態等を踏まえるとともに、保護者の気持ちを受け止め、相互の信頼関係を基本に、保護者の自己決定を尊重すること。
> イ　保育及び子育てに関する知識や技術など、保育士等の専門性や、子どもが常に存在する環境など、保育所の特性を生かし、保護者が子どもの成長に気付き子育ての喜びを感じられるように努めること。
>
> （下線は筆者）

前回の第６章の１の㈡にあった「保護者とともに、子どもの成長の喜びを共有すること」という文言がなくなり、新たな「保護者が子どもの成長に気付き子育ての喜びを感じられるように努めること」という文言になっている。これは、保育士の役割は「子どもの育ちの喜びを共有すること」それ自体ではない、ということを強調している。下線にあるように、保育士の役割は、保護者が子どもの育ちの喜びを感じられるようになることである。そのための過程の１つが「子どもの育ちの喜びを共有する」ことである。

現行の保育指針では、保護者と連携して「子どもの育ち」を支えるという視点をもって、子どもの育ちを保護者とともに喜び合うことを重視している。つまり、保護者が子どもの育ちに気づき、その喜びを感じられるようになることをめざし、保育士は子どもの育ちの喜びを共有するということである。

保育所保育指針解説の内容

現行の保育指針解説には、次のような個所がある。

> **保育所保育指針解説　第４章　子育て支援**
> 1　保育所における子育て支援に関する基本的事項
> (1)　保育所の特性を生かした子育て支援
> 【保護者に対する基本的態度】
> （中略）
> また、保育士等が保護者の不安や悩みに寄り添い、子どもへの愛情や成長を喜ぶ気持ちを共感し合うことによって、保護者は子育てへの意欲や自信を膨らませることができる。保護者とのコミュニケーションにおいては、子育てに不安を感じている保護者が子育てに自信を

もち、子育てを楽しいと感じることができるよう、保育所や保育士等による働きかけや環境づくりが望まれる。

（下線は筆者）

ここでは、子どもの育ちの喜びの共有は、それ自体が役割ではなく、そのことによって保護者は子育てへの意欲や自信をもてるようになると述べている。「保護者に対する支援」や「子育て支援」の内容に「子どもの育ちの喜びの共有」が取り上げられる理由は、このように、それが子育て支援につながるためだといえる。

幼保連携型認定こども園教育・保育要領の内容

これまでみてきた保育指針の内容は、幼保連携型認定こども園教育・保育要領の「第４章　子育ての支援」でも述べられている（解説も同様）。

幼保連携型認定こども園教育・保育要領　第４章　子育ての支援

第１　子育ての支援全般に関わる事項

２　教育及び保育並びに子育ての支援に関する知識や技術など、保育教諭等の専門性や、園児が常に存在する環境など、幼保連携型認定こども園の特性を生かし、保護者が子どもの成長に気付き子育ての喜びを感じられるように努めること。

（下線は筆者）

幼稚園教育要領解説の内容

幼稚園教育要領（以下、教育要領）の解説でも、文言は異なるが同様の内容が掲載されている。

幼稚園教育要領解説　第３章　教育課程に係る教育時間の終了後等に行う教育活動などの留意事項

２　子育ての支援

幼児の家庭や地域での生活を含め、生活全体を豊かにし、健やかな成長を確保していくためには、幼稚園が家庭や地域社会との連携を深め、地域の実態や保護者及び地域の人々の要請などを踏まえ、地域における幼児期の教育のセンターとしてその施設や機能を開放し、積極的に子育てを支援していく必要がある。

このような子育ての支援の観点から、幼稚園には多様な役割を果たすことが期待されている。その例として、地域の子供の成長、発達を促進する場としての役割、遊びを伝え、広げる場としての役割、保護者が子育ての喜びを共感する場としての役割、子育ての本来の在り方を啓発する場としての役割、子育ての悩みや経験を交流する場としての役割、地域の子育てネットワークづくりをする場としての役割などが挙げられるが、このほかにも、各幼稚園を取り巻く状況に応じて、様々な役割が求められる。

（下線は筆者）

教育要領では、子育てを支援するプロセスの一環として、幼稚園に「保護者が子育ての喜びを共感する場」となる役割を求めていることがわかる。保育者だけでなく、保護者同士が自分たちの子どもの育ちの喜びを共感できるような場を提供することが幼稚園の役割だと述べられている。

3. 子どもの育ちの喜びを共有する意味

これまでみてきたように、「子どもの育ちの喜びの共有」は、保育所や認定こども園、幼稚園の子育て支援として位置づけられている。そしてそれは、保護者が自分たちの子どもの育ちに気づき、その喜びを感じられるようになることにつながっていると、保育３法令では述べられていた。

子どもの育ちの喜びを共有することの意味。それは、そうすることが子育てに対する意欲と自信につながり、結果的に子育て支援になるということである。

冒頭で紹介したＡさんは、このレポートを書いたときにはまだ保護者と子どもの育ちの喜びを共有することが子育て支援につながるとは気づいていなかっただろう。しかし、それでよいのではないだろうか。「子育て支援の役割を果たすために、あなたの子どもの育ちの喜びを共有しますよ」と言われても、保育士の仕事だから子どもの育ちを喜ぶ、という義務感で喜ばれているという印象が拭い去れない。現行の保育指針から「保護者とともに、子どもの成長の喜びを共有すること」という項目がなくなったのも、それ自体を保育士の責務として求めるものではないと強調したいからだと推察される。

その意味で、学生のＡさんが「保護者と子どもの育ちの喜びを共有したい」と純粋に思えたことには価値があるのではないだろうか。

Step 2

子どもの育ちの喜びを共有するためのツール

子どもの育ちの喜びを共有することが、保護者の子育てに対する意欲と自信につながり、子育て支援につながるものだとすると、それを保護者に伝える必要はあるだろう。喜びを共有してくれている、と保護者が心の底から感じたときにはじめて、保育における子育て支援となる。それでは、子育ての喜びを感じられるように、子どもの育ちの喜びを保護者と共有するためには、どのような方法があるだろうか。

先述のAさんのレポートにあるように、降園時間に保護者に伝えるのも１つの手段である。保護者と直接顔を合わせ、その日出会った子どもの成長の姿を伝えることは、喜びを共有できるよい機会であろう。しかし一方で、多くの保護者がわが子を迎えに来るなか、そのすべてと喜びを共有するのは難しい。一人ひとりに割(さ)ける時間が少ないうえ、育ちの喜びよりも悩みを相談したい、という保護者もいるはずである。

園だより

園だよりは一般に「園の保護方針、保育内容などを伝え、協力や理解を求めるために発行されるもの」*1とされるが、子どもの育ちの喜びを保護者と共有するため

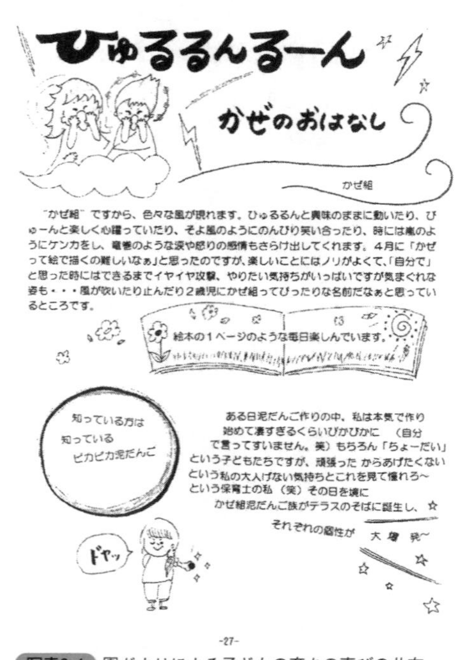
ひゅるるんるーん
かぜのおはなし
かぜ組
"かぜ組" ですから、色々な風が現れます。ひゅるるんと興味のままに動いたり、ひゅーんと楽しく心躍っていたり、そよ風のようにのんびり笑い合ったり、時には嵐のようにケンカをし、竜巻のような涙や怒りの感情もさらけ出してくれます。４月に「かぜって絵で描くの難しいなぁ」と思ったのですが、楽しいことにはノリがよくて、「自分で」と思った時にはできるまでイヤイヤ攻撃、やりたい気持ちがいっぱいですが気まぐれな姿も・・・風が吹いたり止んだり２歳児にかぜ組ってぴったりな名前だなぁと思っているところです。
絵本の１ページのような毎日楽しんでいます。
知っている方は
知っている
ピカピカ泥だんご
ある日泥だんご作りの中、私は本気で作り始めて凄すぎるくらいぴかぴかに　（自分で言ってすいません。笑）もちろん「ちょーだい」という子どもたちですが、頑張った からあげたくないという私の大人げない気持ちとこれを見て憧れろ～という保育士の私（笑）その日を境に
かぜ組泥だんご族がテラスのそばに誕生し、☆
それぞれの個性が　大 爆 発～
ドヤッ
-27-

どろだんご族の姿
それぞれ が とっても ゆかい ♫
じっーとじっくり
動きません。。。
ひたすら だんごに
しろこなを かける
じっくりタイプ Rちゃん
「ちっちゃいのにしたの？
○くんのは 大きいね！
R ちっちゃいの！ほらっ☆」
大きさに気付く Rくん
「ハート♡にしたー!!
ハート♡のつくろっか？」
形にこだわる Hちゃん
だんごにも音楽を
うたって踊ってにぎやか
タイプ Kくん
作って、こわれて、投げて…
それでも また 挑戦!!!
あきらめません！今では
「こわれちゃったー。でも
ちっちゃいのができるんだよ～ほらっ☆」と
根性タイプ Hくん
「Hちゃんのだんご♪
みづきの みせてー
しろこな かけよっか？」
しろこなくばりまーす♡
みんなのだんごチェック
Hちゃん
「ピカピカに
ならないです～」
担任しきちゃん
（笑）
みづきのピカピカ
どろだんご
の行方…
かぜ の
しわざで おっこちて
こわれてしまうという オチでした。
ガーン
しょっく
日に日に上達するどろだんご族。２歳児？と思うほどの集中力に私たちは驚いています。最近私が作ってないと気付くと「ねぇみづきのだんごは？」「前に壊れちゃったんだよね」「またつくったら？こわれてもなおるよ！つくろっか」と誘われ、そんなふうに言えるの！とまたまた驚きでした。
-28-

写真6-1 園だよりによる子どもの育ちの喜びの共有

のツールとして、その有用性はきわめて高い。

保育所保育指針解説「第4章　子育て支援　2　保育所を利用している保護者に対する子育て支援　(1)保護者との相互理解」には「子どもへの愛情や成長を喜ぶ気持ちを伝え合うことなど」の手段・機会として「保護者へのお便り」があげられている。

連絡帳

保育所において、特に0～2歳児クラスで、保護者と保育士が情報交換をする「連絡帳」も、子どもの育ちの喜びを共有するツールとして有効である。園だよりと同様に、保育所保育指針解説において「子どもへの愛情や成長を喜ぶ気持ちを伝え合うことなど」の手段・機会としてあげられている。

連絡帳は一般的に「園（クラス担任）と家庭（保護者）を結ぶ帳面であり、個々の園児の情報を相互に伝え合うもの」である。具体的には「家庭からの連絡」「担任よりの連絡」や「身長、体重などの測定結果、月の出席状況を知らせる」ものである[*2]。連絡帳に、保育士が個別に子どもの成長している姿を書くことで、保護者はふだん気づきにくいわが子の成長を感じとり、やがて子育ての自信や意欲につながっていくであろう。

一方、成長している姿といっても、子どものよい姿ばかり書くだけではなく、ときには気になったことや心配なことを伝える必要もある。子どものよい姿ばかり伝えることは、かえってその保護者が「そうした姿を見ることができていない」という罪悪感を生むことがあるだろう。それでは子育て支援にはつながらない。大切なのは、「あなたとあなたの子どものことを気にかけていますよ」という保育士のメッセージである。

ドキュメンテーション

加えて、子どもの育ちの喜びを共有するのに有効なツールとして「ドキュメンテーション」があげられる。

一般的には、ドキュメンテーションは「文章」という意味だが、保育において

写真6-2　ドキュメンテーションによる子どもの育ちの喜びの共有

＊1　森上史朗・柏女霊峰編『保育用語辞典 第8版』ミネルヴァ書房，p.362，2015.
＊2　前出＊1，pp.361～362

図表6-1 連絡帳による保護者とのやりとりの一例（4歳児クラス、Cくん）

7月△日【保護者より】
夏になりプールに入るのが不安になったようで、今朝「今日は行きたくない」と、泣きながら登園していました。お友だちと一緒なら大丈夫とは思うのですが、様子を見ていただけると助かります。

7月△日（当日）【担任保育士より】
おっしゃるように、お友だちと一緒にプールではしゃいでいたのでどうぞご安心ください。Cくんも「がんばってプールに入れた」という思いがあったようで、「DくんとEくんとプールに入れて楽しかった」とうれしそうでしたよ。「水に顔をつける怖さ」など、おうちでいろいろと考えて不安になってしまったのかなと思いますが、保育園に来てお友だちといると気持ちの切り替えができるようになってきたんですね。

連絡帳のやりとりを行って…

保護者の感想
延長保育を利用しているので、ふだんはなかなか担任の先生に会えません。でも連絡帳を読んで「先生はちゃんと見てくれているんだ。書いてよかった」と思いました。電話も難しいので、息子に変化が見られたときなど情報共有として連絡帳を活用しています。文字に残るのもうれしいですね。

担任保育士の感想
連絡帳は、保護者の方の負担にならないよう、なるべく書きたいことがあったときに書いてほしいと思っています。保護者の方は「保育園に行きたくない」など気になる姿を書かれることが多いのですが、だからこそ子どもの「園だからこそ見せる姿」「園でしか見せない姿」を伝えたいですね。

は「記録」ととらえられている。従来日本では、文字を中心としたものが主流であったが、近年は写真を効果的に用いた記録が各地で実践されている。特に子どもの姿が目に見える、写真を効果的に用いることで、保育士だけが活用するのではなく、子どもや保護者、地域の人々にも保育を広く開くことのできるツールとして活用されている。

ドキュメンテーションを玄関や保育室の前など多くの人の目に触れやすい場所に掲示することで、それらを見た人の間にコミュニケーションが生まれ、子どもの育ちの喜びを共有するきっかけになる。何より、保育士が子どもの学びや育ちの姿をとらえて作成したドキュメンテーション自体が、「子どもの育ちの喜びを共有している」ことのあかしであり、それを保護者に伝えるツールとなるのである。

近年、写真を活用したドキュメンテーションによる子どもの育ちの喜びの共有を実施する園は増えており、デジタル撮影機器の進歩が目覚ましい昨今、より手軽に、しかも目に見える形でわかりやすく伝える手段として、今後も広まっていくだろう。

子どもの育ちの喜びを共有するためのツールをいくつか見てきてわかるように、子どもの育ちの喜びを共有することは、園や保育士が新たな子育て支援に取り組むことではない。園や保育士たちがこれまでに実践していたことなのである。

ところで、保育所保育指針解説において「子どもへの愛情や成長を喜ぶ気持ちを伝え合うことなど」の手段・機会としてあげられていたのは、「連絡帳、保護者へのお便り、送迎時の対話、保育参観や保育への参加、親子遠足や運動会などの行事、入園前の見学、個人面談、家庭訪問、保護者会など」であった。一方、Step 2 で紹介した３つのツールには、それ以外の手段、機会にはない共通点がある。

それは、すべて「子どもの育ちの喜びの共有」が可視化（見える化）されたツールだということである。

Step 3

1.「子どもの育ちの喜びの共有」を可視化する意味

Step 2で紹介した子どもの育ちの喜びを共有するためのツールには、「喜びの共有を可視化（見える化）する」という共通点があった。

送迎時や行事の際に保護者と話すことで、子どもの育ちの喜びを共有することはできる。しかし**図表6－1**で紹介した連絡帳の「保護者の感想」をもう一度見てほしい。「延長保育を利用しているので、ふだんはなかなか担任の先生に会えません」と書かれているように、保護者のなかには、保育士と話す機会がない、あるいはそもそも保育士と話すのが苦手、という保護者もいる。家庭のあり方が多様化している現代社会において、これまでのように送迎時や行事の際に担任保育士と話す機会をつくれない、という保護者は決して少なくない。2020年代以降のコロナ禍では、そもそも他者と「対面で話す」という機会すら設けることが難しかったはずだ。そうした現状を考えると、諸事情で担任保育士と話す機会がない保護者にとっても、育ちの喜びを可視化することはより必要になってくる。

また、「文字に残るのもうれしいですね」という感想にもあるように、可視化すれば必然的に記録として残ることになり、保護者はそれをいつでも何度でも見返すことができる。子育てに悩んだとき、連絡帳や園だより、ドキュメンテーションなどを見返せば、再び子育てへの意欲や自信をふくらますことができるかもしれない。

2.「子どもの育ちの喜びの共有」の可視化で期待される効果

ここでは、保護者だけでなく、子どもの育ちの喜びを共有しようとする園や保育士、そして彼らと子どもたちがともに生活する地域にとって、可視化（見える化）することの効果を考えたい。

その効果について示したのが**図表6－2**だ。「子どもの育ちの喜びの共有」を可視化することで、園においては保育士間で子どもをみる視点が共有でき、その育ちを喜び語り合う風土づくりが期待できるだろう。それは、そのまま保育の質の向上となる。

一方、保護者においては、子育てに対する意欲と自信が醸成（じょうせい）されるとともに、園の保育に対する理解や保育士に対する信頼が向上する。そしてその理解や信頼は園の保育への積極的な参加や協力をうながし、それによって保護者同士のつながりに結びついていくと思われる。

図表6-2 「子どもの育ちの喜びの共有」を可視化することで期待される効果

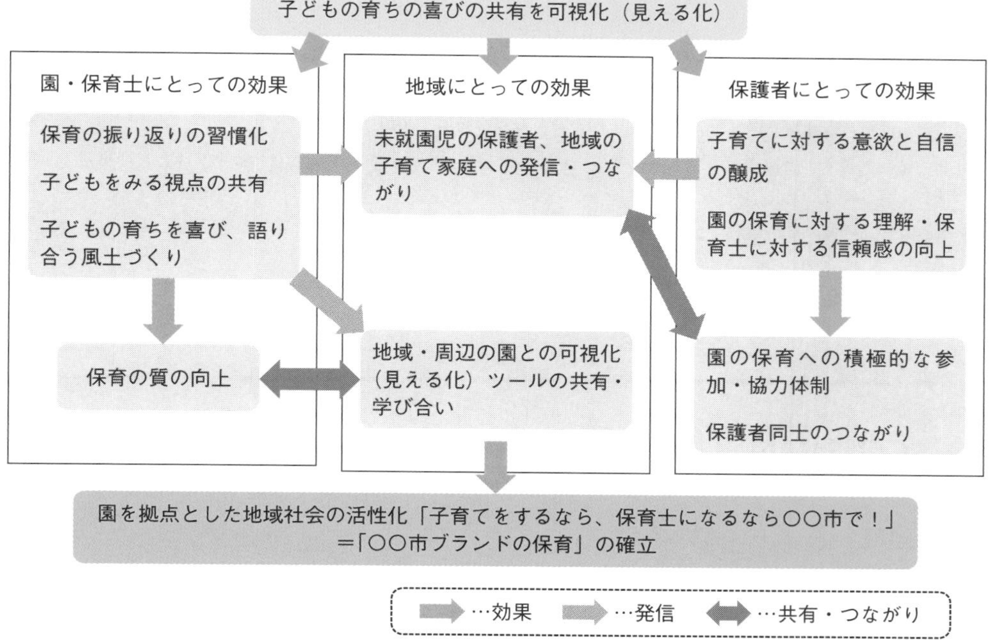

保護者同士のつながりによって園の魅力が地域に発信されることで、その情報がきっかけとなり、地域の子育て家庭全体のつながりが生み出されることも期待できるだろう。

さらに、園ごとに可視化され共有されたツールは、園同士による保育の質の高め合いをうながし、地域全体の保育の質がさらに向上していく。

こうした好循環によって、その地域は全国の子育て家庭から選ばれる地域になっていくのである。いうなれば、「『○○市ブランドの保育』の確立」である。これによって、この地域に住みたいという保護者が増え、この地域の園で働きたい、という保育士が増えていく。

「子どもの育ちの喜びの共有」を可視化することによって、このような地域活性化の効果も期待できるのではないだろうか。

参考文献

●厚生労働省編『保育所保育指針解説書』フレーベル館，2008.

●厚生労働省編『保育所保育指針解説』フレーベル館，2018.

●内閣府・文部科学省・厚生労働省『幼保連携型認定こども園教育・保育要領』フレーベル館，2017.

●文部科学省『幼稚園教育要領解説』フレーベル館，2018.

●森上史朗・柏女霊峰編『保育用語辞典 第 8 版』ミネルヴァ書房，2015.

●社会福祉法人日本保育協会監，石井章仁著『エピソードでわかる！　クラス運営に役立つスキル』中央法規出版，2018.

●請川滋大・高橋健介ほか編著『新時代の保育 1　保育におけるドキュメンテーションの活用』ななみ書房，2016.

COLUMN 「子どもの育ちを喜びたい」は保育学生の自然な気持ち

本講で紹介したAさんのレポートを読んだ同じ 1 年生のFさんは、翌月の実習後、次のようなレポートを書いた。

> 先月、友達が書いたレポートのエピソードを読んだとき、子どもの成長した瞬間に立ち会えたことをとても羨ましく思いました。私の実習している 5 歳児クラスでは大人とトイレに一緒に行く機会がないこともあり、排泄（はいせつ）の自立に立ち会うことは滅多にありません。“できないことができるようになる”という場面に立ち会うことも、もう 5 歳児ともなるとなかなかないと思います。いつも子どもたちとかかわっている担任であれば、そうでもないかもしれませんが、月にたった一度の実習では難しいように思います。
>
> それでも、今回の実習で感じられた“成長”は排泄や言葉など、目に見えるようなハッキリとしたものではないですが、“大人になったなあ……”というような感覚のものでした。どことなく雰囲気や顔つきが逞（たくま）しく、どことなく行動が“お兄さんお姉さんになったな”というような…クラス全体がそう感じられたのです。この感覚は、 5 歳児クラスだからこそ味わうことができたのかなと思います。私が、このクラスの子どもが大好きだから、余計そう感じられたのかもしれません。

Ｆさんのように、自分が担当している子どもの成長がうれしい、それを喜びたいと思う学生は多い。「子どもが好き」という気持ちから保育士をめざしたならば当然の気持ちだろう。そしてそれは「子どもの育ちの喜びの共有」の第一歩でもある。

（小久保圭一郎）

第7講

保護者および地域が有する子育てを自ら実践する力の向上に資する支援

保育士による子ども家庭支援の１つに、子どもの育ちを家庭と連携して支援していくとともに、保護者および地域が有する子育てを自ら実践する力の向上に資することが求められている。

本講では、保護者および地域が有する子育てを自ら実践する力の向上に資する支援を行うために、地域の子育て家庭を取り巻く環境を把握（はあく）したうえで、保育士に求められる視点を整理し、理解を深める。

Step 1

1. 地域の子育て家庭を取り巻く環境

2021（令和３）年現在のわが国は、年少人口（15歳未満）の割合が11.8％と過去最低となり、生産年齢人口（15歳以上64歳以下）の割合も59.4％と、1992（平成４）年（69.8％）以降、低下を続けている。また、65歳以上人口の割合は28.9％となり、４人に１人以上が65歳以上人口となり、少子高齢化が進んでいる。

このような状況のなか、地域の子育て家庭を取り巻く環境を概観すると、３歳未満の乳幼児の約６割が保育所等を利用せず家庭において養育されており（「保育所等関連状況取りまとめ（令和４年４月１日）」）、また未就学児のいる子育て家庭の８割以上は核家族世帯である。日本の核家族化率が、1975（昭和50）年の約64％を頂点として徐々に低下しはじめていることから、未就学児のいる子育て家庭が核家族である割合が非常に高いことがわかる。

「第15回出生動向基本調査（独身者調査ならびに夫婦調査）」によると、最初の子どもが３歳になるまでに夫妻の母親（子の祖母）から子育ての手助けを受けた（「日常的に」「頻繁に」子育ての手助けを受けた）割合は、第１子出生年が1980～90年代にかけては上昇傾向にあったが、2000（平成12）年以降は５割程度で推移し、2010（平成22）年以降では52.9％となっている。これは、３歳未満の乳幼児の約６割が家庭で養育されているなかで、その多くが核家族であることから、日常生活の場である家庭において、子育て家庭は祖父母等の家族からの日常的な支援を受けにくくなっていると考えられる。

加えて、子育て家庭が暮らす地域においては、地域での深い近隣関係を望まない人々が増えていることや職住が分離し地域との結びつきが構築しづらい状況があり、地域全体で子育てをするという環境が整っているとはいいがたい状況である。

一例をあげると、以前は団地などの１つのコミュニティとして形成されていた集合住宅が、現在ではオートロックのマンション等のプライバシーを重視した集合住宅へと居住環境の変化が起こっていることや、子育て家庭が地域住民とのかかわりをもつ手段の１つである子ども会などの自治会組織の機能低下も指摘されているなど、さまざまな要因により地縁関係が希薄化している。

ベネッセ教育総合研究所が2015（平成27）年に実施した子育て家庭の生活に関する調査では、「母親が家を空けるとき、子どもの面倒を見てくれる人が『いる』」と答えた人の内訳は、「きょうだい、親戚」76.3％と最も多く、次に、「父親」65.7％があげられている。なお、「父親」の比率は、05年調査が50.9％、10年調査が61.5％、15年調査が65.7％と増加している一方で、「近所の人」（05年調査13.9％、10

年調査8.1％、15年調査5.5％）と「父親・母親の友人」（10年調査15.8％、15年調査12.3％）」が減少傾向であることが示されている。

なお、三菱UFJリサーチ＆コンサルティングが2014（平成26）年に実施した「子育て支援策等に関する調査2014」では、「地域の中での子どもを通じた付き合い」について、2002（平成14）年度の同調査と比較した場合、「子育ての悩みを相談できる人がいる」母親の割合は、73.8％から43.8％、「子どもを預けられる人がいる」割合は、57.1％から27.8％、「子どもをしかってくれる人がいる」割合が、46.6％から20.2％にそれぞれ大幅に減少していることがわかる。

子育て家庭に焦点（しょうてん）をあてると、こども未来財団による子育て家庭を対象にした意識調査では、末子年齢が０～２歳の場合「親仲間がほとんどいない」割合が高く、「末子年齢が低い方が孤独を感じる割合が相対的に多くなる傾向がある」との結果が出ている。文部科学省による調査においても「『子育てのモデルが身近にいないため、子育ての不安や負担感があり、自信が持てない』と約４割の保護者が子育てについての不安や悩みを抱えている」との結果が出ており、子育て家庭が身近に同じ境遇（きょうぐう）にある仲間を見つけにくくなっており、不安や悩みをかかえていることがわかる。

日中に在宅で養育されている乳幼児がいる子育て家庭は、共働き世帯ではなく夫婦のどちらか一方のみが就業していることが多く、保育所に通っていないことが多い。そのため「子育てひろば」など地域の子育て家庭が集う場所に参加していなければ、地域社会との日常的なかかわりができるのは子どもが幼稚園に入園する３歳からが一般的である。裏を返せば、０～２歳の乳幼児を家庭で養育している子育て家庭は、地域社会に所属する（日常的なかかわりをもつ）機会が少なく、子育て家庭が地域で孤立しやすい状況であることがわかる。

子育て家庭の家庭状況に焦点をあてると、父親である男性の長時間労働や育児参加の割合・内容ともに十分ではなく、母親に負担が偏っていることがわかる。

内閣府の「令和４年度版 少子化社会対策白書」によると、週60時間以上の長時間労働をしている男性は、どの年齢層においても、2005（平成17）年以降おおむね減少傾向にある。しかしながら、子育て期にある30代、40代の男性については、2021（令和３）年で、それぞれ9.9％、10.4％が週60時間以上就業しており、ほかの年齢層に比べ高い水準となっている。

また、男性が子育てや家事に費やす時間をみると、2016（平成28）年におけるわが国の６歳未満の子どもをもつ夫の家事・育児関連時間は１日あたり83分となっており、2011（平成23）年調査に比べて16分増えているものの、先進国中最低の水準にとどまっている。

以上のように血縁・地縁関係の希薄化にともない、「保護者及び地域が有する子育てを自ら実践する力」が低下することで、子育て家庭が地域で孤立し、子育て家庭が多くの不安や悩みをかかえている状況があることから、保育の専門職である保育士には、保護者および地域が有する子育てを自ら実践する力の向上に資する支援が求められている。

2. 保育所保育指針およびその解説からみる保育士に求められる視点

2017（平成29）年に改定された保育所保育指針とその解説では、新たな項目として「第４章　子育て支援」が定められ、保護者および地域が有する子育てを自ら実践する力の向上に資する支援について示されている。

保育所を利用している保護者に対する子育て支援

保育所を利用している保護者に対する子育て支援の１つとして、「保護者との相互理解」という項目があり、「保育の活動に対する保護者の積極的な参加は、保護者の子育てを自ら実践する力の向上に寄与することから、これを促すこと」と示されている。

要約すると、保育所における保育の活動への保護者の参加は、保護者の自ら子育てを実践する力を高めるうえでも重要な取り組みであり、次の３点の効果が期待できるとしている。

① 保護者が子どもの遊びに参加することで、子どもの遊びの世界や言動の意味を理解したり、保育士等が子どもの心の揺れ動きに応じてきめ細やかにかかわる様子を見て、子どもへの接し方への気づきを得ることができる。

② ほかの子どもを観察したり、自分の子ども以外の子どもとかかわったりすることを通じて、子どもの発達について見通しをもつことができる。

③ 保護者が保育士等とともに活動するなかで、自分でも気づかなかった子育てに対する有能感を感じることができる。

解説では、「ただし、保護者の就労や生活の形態は多様であるため、全ての保護者がいつでも子どもの活動に参加したり、保護者同士が関わる時間を容易につくったりすることができるわけではないことに留意する必要がある」と述べられている。

地域の保護者等に対する子育て支援①

地域の保護者等に対する子育て支援の１つとして、「保育所の特性を生かした地域子育て支援」という項目があり、地域の保護者等が自ら子育てを実践することができるように、次の具体例が示されている。

① 食事や排泄（はいせつ）などの基本的生活習慣の自立に関することや、遊びや玩具、遊具の使い方、子どもとの適切なかかわり方などについて、一人ひとりの子どもや保護者の状況に応じて、具体的に助言したり、行動見本を実践的に提示したりする。

② 子どもに対して、体罰や言葉の暴力など身体・精神的苦痛を与えるような行為が不適切であり、してはならないものであることについても、ていねいに伝える。

③ 親子遊びや離乳食づくり、食育等に関するさまざまな育児講座や体験活動、給食の試食会など、保育所の特色、地域のニーズなどに合わせた取り組みを進めていく。

上記の取り組みを進めるうえでの大切な点として、「保護者が参加しやすい雰囲気づくりを心がけることが大切である。気軽に訪れ、相談することができる保育所が身近にあることは、家庭で子どもを育てていく上での安心感につながる。育児不安を和らげ、虐待の防止に資する役割が保育所にも求められていることを踏まえ、地域の子育て家庭を受け入れていくことが重要である」と述べられている。

地域の保護者等に対する子育て支援②

加えて、地域の保護者等に対する子育て支援の１つに、「地域の関係機関等との連携」という項目があり、子育て支援に関する地域の人材と積極的に連携を図るよう努めることが示されている。具体例として、「小学校、中学校、高等学校が実施する乳幼児とのふれあい交流や保育体験に保育所が協力するなど、次世代育成支援の観点から、将来に向けて地域の子育て力の向上につながるような支援を展開していくことが求められている」と述べられている。

地域の関係機関等との連携の効果としては、次の３点があげられている。

① 子どもの健全育成や子育て家庭の養育力の向上

② 親子をはじめとするさまざまな人間関係づくりに寄与

③ 地域社会の活性化へとつながっていくこと

また、「保護者や地域の人々と子育ての喜びを分かち合い、子育てなどに関する知恵や知識を交換し、子育ての文化や子どもを大切にする価値観等を共に紡ぎ出していくことも保育所の大切な役割である」と述べられている。

Step 2

Step 2では、保育所および保育士が行う、保護者および地域が有する子育てを自ら実践する力の向上に資する支援の実際を、具体的な活動例から学ぶ（**図表7-1**）。

1. 保育所を利用している保護者に対する支援

保育所を利用している保護者は、自身が就労しながらの子育てとなるため、慌ただしい毎日のなかで生活をしている。そのなかで保育士は、日常の送迎時における対話や連絡帳でのかかわりを通して、保護者の子育てに関する不安や悩みに寄り添い、助言を行うことで保護者の子育てを支援していくことが求められる。保育士が保護者の不安や悩みに寄り添うことで、保護者は自身の子育てを振り返ることができ、子育てへの自信を構築することができる。

図表7-1 保育所・保育士の子育て支援

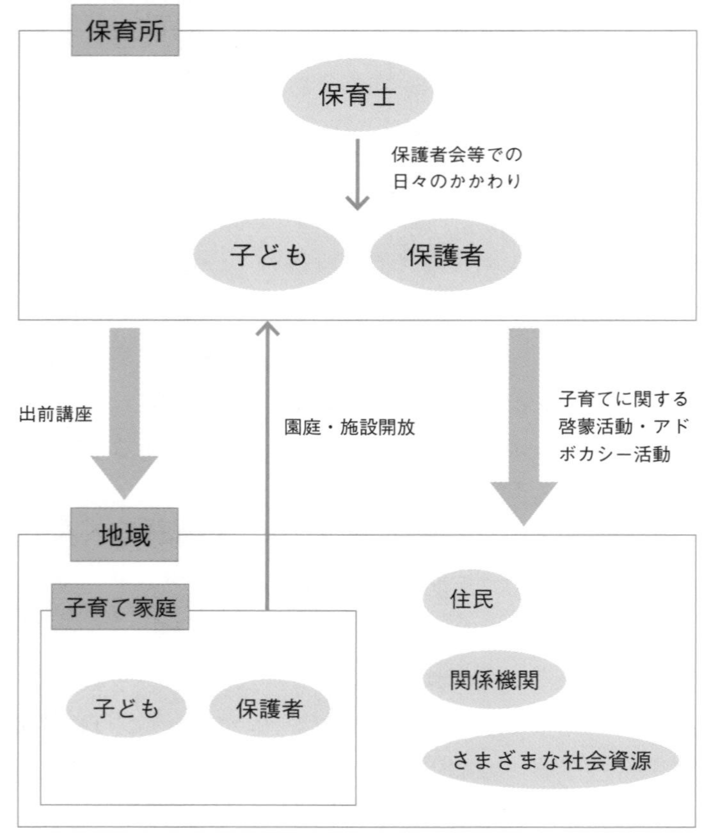

例えば、保護者が子育てを行ううえで、できないことやできていないことに対して不安や悩みを抱いているときには、そればかりに目を向けるのではなく、保護者がもつストレングス（強み、強さ）に保護者自身が気づき、子育てへの意欲を高めることができるようにエンパワメント（本人やその集団、コミュニティなどが自らの力を自覚して行動できるよう、支援すること）していくことも重要である。

また、先述した保育所保育指針や解説で示されているように、保護者参観や保育の活動への参加をうながすことも、保護者の子育てを自ら実践する力を高めるうえでも重要な取り組みである。

一例をあげると、保育所で定期的に開催される保護者会の機会を利用して、日々の保育状況について子どもの発達に合わせた保育者のかかわり方などを説明することで、保護者は家庭での子どもとのかかわり方の参考にすることができる。

また、保育所を利用する保護者同士のつながりづくりを支援することも有効である。保育士にはなかなか相談しづらいことでも、同じ境遇（きょうぐう）の保護者同士であれば打ち明けられる悩みや不安が存在する。保護者会や運動会、発表会などの保護者同士が集まる機会での保育士の助言をきっかけに、保護者同士のつながりの場として自主的な活動グループを立ち上げる事例もある。

2. 地域で子育てをしている保護者に対する支援

地域で子育てをしている保護者に対しては、保育所の特性を活かした地域子育て支援が行われており、保育所を利用していない子育て家庭に対して、定期的な園庭・施設開放を行っている。その際には、子育てに関する不安や悩みを相談できる育児相談の機会を設けたり、保育所を利用している同年代の子どもと一緒に遊ぶことができるように交流保育の場を設定している保育所も多くある。

また、保育士自らが地域に出向く取り組みとして、保育士が講師となり子育てに関する情報提供や育児相談を行う出前講座がある。近年は、「インターネット」「ブログ」「テレビ・ラジオ」といった多様なソーシャルメディアから子育てに関するさまざまな情報を得ることができる。しかし、あまりにも多くの情報が氾濫しているなかで、子育て家庭が、何が正しい情報であり、自身に必要な情報は何かという判断をするのは容易ではない。日常的な保育士等の専門職とかかわりが少ない子育て家庭にとっては、多すぎる情報により、何を信じてよいのかわからず不安や悩みを増幅させてしまう可能性もある。

仮に、子育てに関するさまざまな情報を得られたとしても、情報だけでは、子育て家庭が住む地域での「子育ての孤立」を防ぐことはできない。先述したベネッセ教育総合研究所による同調査では、「多くの母親が子育てに対して肯定的な感情をもち、約４～６割の母親は不安感や否定的な感情をもつ傾向は15年前から変わらない」との結果が出ており、子育て家庭の周りには多くの情報があふれているが不安や悩みはなくならず、身近に子育てのモデルとなる親族や近隣住民とのかかわりが少なくなっているため、地域で孤立してしまっている現状がうかがえる。

そのような状況のなかで、地域の子育て家庭が集う子育てサロンや児童館に保育士がおもむき出前講座を行うことで、保育所を利用していない子育て家庭に対しても子育て支援を行うことができ、子育て家庭にとっても保育士という専門職とのかかわりだけではなく、子育てサロンや児童館などに出向くことで地域とのつながりを保つことができる。

3. 地域住民・地域の関係機関を含む地域全体に対する支援

Step 1 で解説したように、血縁・地縁関係の希薄化にともない、保護者および地域が有する子育てを自ら実践する力が低下することで、子育て家庭が地域で孤立し、多くの不安や悩みをかかえる状況がある。このような状況を改善するためには、同じ地域に住む住民や地域の関係者が地域全体で子育てをする環境をつくっていくことが重要となる。

この環境づくりの一環として保育士に求められるはたらきは、子育て家庭だけを対象とした支援ではなく地域全体に向けたはたらきかけであり、さまざまな取り組みが必要となる。

一例をあげると、先ほどあげた出前講座や地域行事等を利用して地域住民を対象とした子育てに関する啓蒙活動を行ったり、子ども・子育て会議等の場で発言や地域の関係機関と連携した活動のなかでアドボカシー活動（自らの権利を自らの力だけでは主張したり要求したりできない人々を擁護したり、主張の代弁をしたりすること）を積み重ねていくことがあげられる。

なお、厚生労働省「地域における保育所・保育士等の在り方に関する検討会」による2021（令和３）年の取りまとめでは、保育所・保育士による地域の子育て支援の具体的な取り組み内容として、①保育所の地域支援を促進するための情報提供の義務化、②地域の身近な相談先である「かかりつけ相談機関」を保育所が担うためのインセンティブ喚起、③他機関と連携して効果的に地域支援を行う保育所等の実践例の収集・共有、保護者相談への対応手引きの作成、④巡回支援事業等で保育経験者の活用による保育所の地域支援力向上、⑤人口減少地域に対応した地域支援のあり方の検討（主任保育士専任加算の要件見直し等）等をあげている。

4. 保育士に求められている支援

本講では、保護者および地域が有する子育てを自ら実践する力の向上に資する支援について、「保育所を利用している保護者」「地域で子育てをしている保護者」「地域住民・地域の関係機関を含む地域全体」という３つの視点から保育士の専門性を活かした活動例を示しながら解説してきた。

あらためて整理すると、保護者および地域が有する子育てを自ら実践する力の向上のためには、第一に、子どもと子育てに関して第一義的責任を有する保護者の成長（育ち）が不可欠であることがあげられる。「地域全体で子育てを支える」支援体制が整っていても、子育て家庭自身の成長（育ち）がなければ、子育て家庭はいつまでも「支援を提供される対象者」という枠にとどまり、子育て家庭がかかえる不安や悩み、育児負担等の課題に対して自らが解決する力の醸成（じょうせい）につながらない。

また、子育て家庭が成長し子育てを自ら実践する力を得るためには、子育てに関する知識だけではなくさまざまな経験が必要であり、そのためには、子育て家庭が主体的に地域での居場所やかかわりを獲得できる環境をつくっていくことが重要だと考えられる。

実際の子育ては、知識として頭では理解していても実際に子どもと向き合うとうまくいかず困惑してしまうことがほとんどである。そのようなときに、自宅を出て、地域の多様な人と出会いふれあい、子育てに関する話をしたり、不安や悩みを聞いてもらうことで、「助けてもらう（支援される）」だけでは得られなかった経験を積むことができる。また、地域の人々も子育て家庭とふれあうことで、子育て家庭に対する理解を深め、地域全体で子育てを実践していくことへの興味・関心を抱くことができる。

このように、地域において血縁・地縁関係が希薄化している今日の状況のなかで、保育の専門職として保護者にかかわり、必要な知識と経験を積み重ねる手助けをするだけでなく、子育て家庭が生活する地域全体で子育てを実践していくためのはたらきかけをする取り組みこそが、保育士に求められている保護者および地域が有する子育てを自ら実践する力の向上に資する支援であるといえる。

Step 3

Step 3 では、近年の日本における保護者および地域が有する子育てを自ら実践する力の向上に資する取り組みに関する動向を紹介する。

近年の子ども家庭支援の動向

松原は、家庭や地域における子育て力の低下の原因の1つに育児の孤立をあげ、その原因として①育児の負担が母親に集中しすぎている点、②育児をする親の近隣との人間関係の希薄さを指摘している*1。このように、「家庭や地域における子育て力」と「子育て家庭の孤立」が密接にかかわっていることがわかる。

このような子育て家庭に対する支援として、1980年代後半には、母親同士が互いに助け合う子育てサークルや地域のさまざまな関係者による子育て家庭と地域とのつながりを支援する「子育てネットワーク」と称される組織を結成していく動きが見られるようになった。

国立女性教育会館が実施した全国調査では、1567の子育てネットワーク等の子育て支援団体の存在が明らかになっているが、すべての地域においてこのような子育て支援団体が存在しているわけではなく、充実しているとはいいがたい。

なお、国の政策等で本格的に子育て支援という言葉が使われたのは1994（平成6）年のエンゼルプランであった。同プランは、それまで議論されていた少子化対策を中心としたもので、保育所対策が主な項目であったが、1995（平成7）年に保育所において地域子育て支援センター事業が開始され、「保育に欠けない」未就学児と保護者を対象とした子育て支援が開始された。

その後の2002（平成14）年に発表された「少子化対策プラスワン」という計画に基づき、2003（平成15）年に少子化社会対策基本法、次世代育成支援対策推進法が成立し、次世代育成支援施策が展開されている。この次世代育成支援対策推進法と同時期に成立した改正児童福祉法において、子育て支援の制度化が行われ、今日では地域子育て支援拠点事業などの子育て支援事業として実施されている。

また、子育て支援事業以外にも、子育て家庭が住む地域においては、社会福祉協議会、民生委員児童委員をはじめとして、ボランティア団体・NPO団体が、育児相談や食育講座、子育てサロンなどさまざまな子育て支援活動を行っている。

先述の出生動向基本調査では、夫婦の出生意欲について「地域における子育て支

*1　松原康雄「子ども・子育て支援ネットワークに児童委員が参画することの効果に関する調査」こども未来財団, p.6, 2006.

援がないと出生意欲は低い」との結果が出ており、「家族と地域における子育てに関する意識調査」においても、子育てをする人にとっての地域の支えの重要性について、９割の回答者が「重要だと思う」と回答している。このことから地域における子育て支援は、子育て家庭にとって必要な支援の１つとして認識されていることがわかる。

しかし、先述した子育て家庭に対する意識調査の結果からもわかるように、子育て家庭の不安や悩み、育児負担等の課題を解決するためには、現状の子育て支援が十分であるとはいいきれない。また、保護者および地域が有する子育てを自ら実践する力の低下を防ぎ高めていくためには、これまで以上の子育て支援の拡充とともに保護者および地域が有する子育てを自ら実践する力の低下の原因である育児の孤立を解消していくことが必要と考えられる。

なお、国はさらなる子育て支援の拡充の手段の１つとして、子育て支援事業の１つである「地域子育て支援拠点事業」を、公共施設、空き店舗、保育所等に常設の地域の子育て拠点を設け、地域の子育て支援機能の充実を図る取り組みを実施する「一般型」と、児童館等の児童福祉施設等多様な子育て支援に関する施設に親子が集う場を設け、子育て支援のための取り組みを実施する「連携型」に整理し、NPO やボランティア団体など多様な主体の参画による地域の支え合い、子育て中の当事者による支え合いにより、地域の子育て力を向上し、「地域で子育てを支える」ことを目指している。

また、2015（平成27）年４月から実施されている「子ども・子育て支援新制度」のなかでも、利用者支援、地域子育て支援拠点、放課後児童クラブなどの「地域子ども・子育て支援事業」が掲げられている。

さらには、2020（令和２）年12月に取りまとめられた厚生労働省の「新子育て安心プラン」では、その支援のポイントの１つに「地域のあらゆる子育て資源の活用」をあげており、その一例として、幼稚園の空きスペースを活用した預かり保育や小規模保育の推進、ベビーシッターの利用料助成の非課税化、企業主導型ベビーシッターの利用補助の拡充、育児休業等取得に積極的に取り組む中小企業への助成事業の創設を進めていくこととしている。このように、地域における子育て支援の充実が図られるとともに、わが国全体の課題として、その重要性が認識されている。

参考文献

- 厚生労働省編『保育所保育指針解説』フレーベル館，2018.
- 総務省統計局「人口推計（令和３年10月１日現在）」2021.
- 厚生労働省「保育所等関連状況取りまとめ（令和３年４月１日）」
- 国立社会保障・人口問題研究所「第15回出生動向基本調査（独身者調査ならびに夫婦調査）」2017.
- ベネッセ教育総合研究所「第５回幼児の生活アンケート」2015.
- 三菱 UFJ リサーチ＆コンサルティング「子育て支援策等に関する調査2014」2014.
- 文部科学省「家庭教育の活性化支援等に関する特別調査研究」2007.
- 内閣府「令和４年版 少子化社会対策白書」2022.
- こども未来財団「子育て環境に関する親の意識についての調査研究報告書」2012.
- 内閣府「平成25年度 家族と地域における子育てに関する意識調査」2014.
- 厚生労働省「地域における保育所・保育士等の在り方に関する検討会　取りまとめ」2021.
- 松原康雄「子ども・子育て支援ネットワークに児童委員が参画することの効果に関する調査」2006.
- 江口愛子・森未知「子育てネットワーク等子育て支援団体についての情報提供の在り方に関する調査研究」『国立女性教育会館研究紀要』第７号，2003.
- 厚生労働省「新子育て安心プラン」2020.

COLUMN「おやじの会」

おやじの会とは、小学生の父親を中心とした PTA 活動またはそれに準じた活動のための地域組織であり、全国組織である「おやじ日本」の見解によると、日本全体で約4000団体のおやじの会が存在するとしている。

活動の参加者は、小学生の父親だけでなく、中学生の父親や卒業生の父親、教師や保育士などの専門職も活動に参加している例もあり、必ずしも現役小中学生の親とは限らない。

具体的な活動例としては、休日に地域で開催する各種イベントや、小学校の総合的な学習の時間等を利用した防災教室などの活動が全国各地のおやじの会で展開されている。

また、地域安全運動のインターネット版の活動として、携帯電話やインターネット・SNS の新たな危機から子どもたちを守り、子どもの被害を未然に防ぐために、iS（インターネットセーフティ）運動に取り組んでいる。

（藤高直之）

第8講

保育士に求められる基本的態度

保育士は、受容的かかわり・自己決定の尊重（そんちょう）・秘密保持等、専門職として保護者と意図的にかかわることにより相互の信頼関係を形成し、その信頼関係を基本として保護者に対する家庭支援を行う。本講では、保護者との信頼関係を築き、援助を行うために保育士に求められる基本的態度について学ぶ。

Step 1

1. 保育士と保護者との信頼関係とは

保育所保育指針の「第４章　子育て支援」では、「保護者に対する子育て支援を行う際には、各地域や家庭の実態等を踏まえるとともに、保護者の気持ちを受け止め、相互の信頼関係を基本に、保護者の自己決定を尊重すること」と示されている。家庭支援を行う際に基本となるのは保育士と保護者の相互の信頼関係である。しかしながら、「信頼」とは何なのかと考えると、人の価値観やとらえ方によって大きく異なるため、保育士自身の価値観や特性などを認識したうえで保護者一人ひとりに沿った信頼関係を形成していく必要がある。

援助関係においては、保育士は意図的に保護者とかかわり、日常的な信頼関係の形成を意識することが必要となる。保育所や保育士の特性・専門性を活用し、個々の保護者に応じた援助的なかかわりやはたらきかけの積み重ねが信頼関係の形成につながるといえる。

2. バイステックの７原則

信頼関係を形成するためには、まずは保護者を知ろうとすること、理解しようとすることからはじまり、保護者一人ひとりに合わせていくことになるが、そこには保育士がとるべき共通した基本的態度が存在する。

バイステックは、ソーシャルワークにおけるクライエントの欲求とそこから生じるワーカー（援助者、保育士）とクライエント（相談者、保護者）との相互作用から、ワーカーがとるべき７つの基本的態度の原則を提唱した。

保育士は、保護者のニーズ（要求、欲求、課題など）を基に援助を展開していくが、とるべき基本的態度においても、保護者が願う欲求を満たすことが重要となる。バイステックは、クライエントがワーカーに求める７つの欲求が存在し、それぞれの欲求を援助者が感知し、理解して、適切に反応することによって、クライエントの気づきにつながり、信頼関係の基盤となると示している（**図表８－１**）。以下に、７つの原則について概観する。なぜ保育士として必要とされる原則なのかを理解したうえで、実践につなげていくことが必要である。

１）個別化～保護者を個人としてとらえる

保育士からみた保護者は、「〇〇くんのお母さん」「〇〇さんのお父さん」あるいは、保護者のなかの一人かもしれないが、保護者自身は、「誰かと一緒にしてほしくない」「一人の個人として迎えられたい」という欲求をもつ。

保護者一人ひとりが唯一無二の存在であるとすると、保護者がもつニーズも同様であり、保育士のかかわりや援助の展開も変化してくるはずである。保育士自身が「あのときはこうだったから」と断片的な情報で援助を展開していくのではなく、目の前の保護者に沿った援助を展開しようとすると、まずは保護者を個人としてとらえようとする行為は必然といえる。

2）意図的な感情の表出〜保護者の感情表現を大切にする

保護者によっては、自分の感情を表現することが苦手な場合や、相手の評価を気にして、自分のありのままの感情を表現しない場合も少なくない。保護者に「感情を表現し、解放したい」という欲求がありながらも、それができない状況にあるのならば、保育士はその欲求に気づき、保護者自身が安心して感情を表現できるように意図的にかかわり、環境調整をしていく必要がある。

その際、保育士が一方的に感情表現を強制するのではなく、あくまでも保護者自身が、自分の感情に自分で気づき、自分で感情を表現したい、解放したいと思い、それを保育士が尊重することで、保護者が自分の欲求が満たされたと意識できることが重要である。

図表8-1　援助関係における相互作用

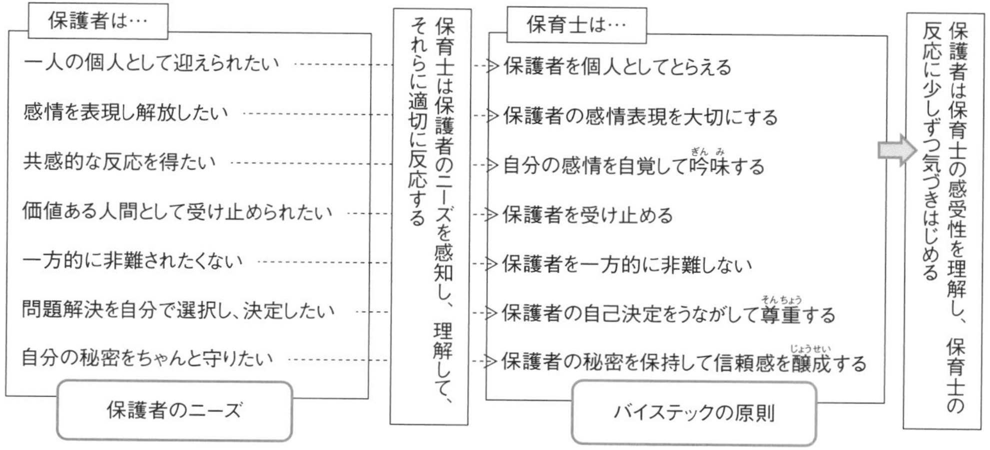

出典：F.P.バイステック，尾崎新・福田俊子ほか訳『ケースワークの原則［新訳改訂版］　援助関係を形成する技法』誠信書房，p.27，2006をもとに作成。

3）統制された情緒的関与～保育士は自分の感情を自覚して吟味する

保育士は援助者であると同時に、一人の人間でもある。保育士自身も自分の考えや価値観、特性などをもっており、援助の対象である保護者に対してもさまざまな感情を抱き、相性が存在することも否定できない。

例えば、子どもを好きになれない母親に対して「母親失格だ」などと感じることもあるだろう。しかし、保育士として援助するためには、そのような個人的な感情を自覚し、保護者に合わせてコントロール（抑制したり、伝達したり）することが求められる。それによって、どのような状況であったとしても、保護者の「共感的な反応を得たい」という欲求を満たすことにつながるだろう。

4）受容～受け止める

バイステックの定義を子ども家庭支援に応用するならば、保護者のあらゆる側面、つまり「健康な部分と弱い部分」「可能性と限界」「肯定的な感情と否定的な感情」などを、保護者のありのままの姿としてとらえ、向き合い、受け止めることが受容である。なかには、不適切な行動や好ましくない態度などが含まれる場合もあるだろうが、それらをすべて無条件に許したり、認めたりすることではない。

たとえ指摘したくなる行動があったとしても、まずはその背景にある保護者の思いや考えを理解しようとする。それによって、保護者は「価値ある人間として受け止められたい」という欲求が満たされたと感じ、保護者自身が自分の真の姿を見つめ、気づいていくことができれば、自分で解決に向かおうとする意欲につながる可能性が高まるだろう。

5）非審判的態度～保護者を一方的に非難しない

保護者とのやりとりのなかでは、責任を追及したり、正したくなる場合があるかもしれない。しかし、そのような対応は、保護者にとって「一方的に非難された」と感じられやすく、保育士に対する不信感につながり、援助の展開が難しくなる場合も出てくるだろう。

援助は、あくまでも課題解決に取り組むことが目的であり、保育士が一方的に責任の所在を明らかにしたり、善悪の判断をしたりすることは避けなければならない。そのためにも、前出のような保育士の「自己覚知」「自己コントロール」が必要となる。保護者が「一方的に非難されたくない」という欲求が満たされると感じることによって、自ら自己開示したり、自分自身で責任や課題を明確化したりする行為につながる可能性を意識することが、保育士には求められる。

6）自己決定～保護者の自己決定をうながして尊重する

保育士が一方的に情報提供を行ったり、導いたりすることが援助ではない。保護者が自分の力を信じ、自分の力で解決に向かうために、保育士が保護者の潜在（せんざい）能力に気づき、保護者自身がもつ「問題解決を自分で選択し、決定したい」という欲求を引き出していく。そのために保育士は、保護者の特性やおかれている環境などをふまえ、保護者のニーズを明確にしながら、活用できる社会資源や情報の提供を行い、保護者が自己決定・選択できるようはたらきかけていくことが重要となる。

7）秘密保持～保護者の秘密を保持して信頼感を醸成する

援助関係では保護者が「人に知られたくない」情報を開示することが必要となる場合もある。その際、「自分の秘密は守られるのだろうか」という不安を抱くのは自然なことである。その不安を軽減させるためには、保育士が「自分の秘密がきちんと守られる」と保護者自身が感じることができるような態度をとらなければならない。その安心感が、保護者のありのままの感情表現や保育士に対する信頼感の向上につながる可能性が高まる。

児童福祉法第18条の22には、「保育士は、正当な理由がなく、その業務に関して知り得た人の秘密を漏らしてはならない。保育士でなくなった後においても、同様とする」とある。保育士の倫理として、子どもや保護者の権利を保障しなければならないことは、生涯にわたる義務といえる。一方で、子どもの最善の利益を守るためには、ほかの専門機関と連携や情報共有をする場合もある。その際は、必要最低限の情報にとどめる、匿名化（とくめいか）する、専門職同士で再度秘密保持の遵守（じゅんしゅ）を確認するなど、秘密保持に関するあらゆる工夫をする。

以上、バイステックの7原則を説明したが、これらは個々に独立しているものではなく、相互に関係・影響し合うものであることを理解しておく必要がある。

Step 2

1. 受容的かかわり

子ども家庭支援に際し、保護者との相互の信頼関係を基本に受容的にかかわるためには、保育士はどのような態度が大切か、事例を読んで考えてみよう。

事例1

Aくん（1歳）は、今年4月から保育所に入所した。母親のBさん（24歳）はシングルマザーとして働いているが、近くに祖父母が住んでいないため、Aくんの園への送迎はいつもBさんが行っている。登園は早朝で、お迎えも最後になることがよくあるので、担任のC保育士（22歳）が母親と顔を合わせるのは、早番や遅番の勤務のときくらいである。会うと明るくあいさつをしてくれるBさんだが、仕事や家事に忙しい様子で、ゆっくり会話することなく帰ってしまうことが多い。C保育士は、園でのAくんの様子や連絡事項は連絡ノートに記入して伝えるようにしているが、Bさんが家庭での様子をノートに書いてくることはあまりない。

秋になり気候が涼しくなってきたので、保育所ではそれまで午睡（ごすい）用に使っていたバスタオルを毛布に、着替えの衣類も半袖から長袖に各家庭で交換して持ってきてもらうことにした。お迎えのときに遅番の保育士がそのことを書いたお知らせをBさんに渡し、お願いをしたところ、Bさんは少し困ったような表情をしたということを、C保育士はその保育士から聞いた。それからしばらくたってもなかなか毛布と長袖の衣類を用意してくれないので、肌寒いときはAくんに園の毛布を貸して午睡をさせる日が続いていた。連絡ノートで午睡時の様子を伝えるとともに、冬にかかりやすい子どもの病気について説明するなど再度お願いしてみたが、Bさんからの返事はない。Aくんがいつも家から着てくる薄手のTシャツや半ズボンという服装も、このままでは体調を崩（くず）してしまうのではないかと気になっていた。

C保育士がお迎えのときにBさんと顔を合わせたある日、Aくんの様子を報告しながら、「前からお願いしていた毛布と長袖の衣類はご用意できましたか？　寒くなってきたので、ズボンも長ズボンにしてくださいね」と言ったところ、Bさんは小さい声で申し訳なさそうに「すみません」とだけ言って帰ってしまった。

数日後、たまたまC保育士が早番の日、Bさんが毛布をもって登園してきた。C保育士が気づいて声をかけようと近寄ると、Bさんはすっと別の保育士のほうへAくんを連れていって毛布を渡しながら、その保育士と話をして帰っていった。

それまでは会えば明るくあいさつしてくれていたBさんだったが、その日以降、あいさつもしてくれない。C保育士は避けられているような感じがしている。

保護者のニーズ

Step 1の図表8－1には一般的に保護者のもつニーズが示されているが、本事例でもBさんにはどのようなニーズがあるか（C保育士にどのようにかかわってほしいのか）を具体的に考えてみる必要がある。

保育所からの毛布や衣類に関するお願いに最初は困った顔をしたＢさんは、すぐに依頼に応えることができず、再度お願いされたときには申し訳なさそうにしていた。このようなＢさんの表情や態度からは、依頼に応える気持ちがないわけではなく、何らかの事情があってそれができないのであろうことが推測される。この状況でＢさんがＣ保育士に求めたいことは、「応えられない事情があることを理解してほしい」「応えられない私を非難しないでほしい」「何とかして依頼に応えようとしているからそれまで待ってほしい」「周りの保護者に変な目で見られたくない」「こんな私の気持ちをわかってほしい」というようなことではないだろうか。

受容的にかかわるために

Ｃ保育士はこのようなＢさん個別のニーズについて考えてみることなく、Ａくんが体調を崩さないようにとの保育士としての価値観から、保護者としてＢさんがとるべき行動は早急に衣類などをそろえることだと決めつけて、Ｂさんの事情や気持ちを受け止めようとせず、一方的にＢさんにお願いを繰り返すこととなってしまった。

いくら誠実に保育士として子どもを守るという使命を果たそうとしていても、保護者の個別のニーズを理解し、それを受け止めようとする態度が保護者に伝わらなければ、両者の間に相互的な信頼は築かれない。事例では、Ｃ保育士はＢさんからの信頼を失う結果となってしまった。子ども家庭支援において保育士に求められるのは、子どもと保護者の双方を大切にする、理解しようとする態度であり、それによって保護者にも受容的にかかわることができるようになるのである。

2. 秘密保持、自己決定の尊重

秘密保持を前提として相互に信頼関係を築きつつ、自己決定の尊重（そんちょう）をうながす援助について、事例を読んで考えてみよう。

事例２

冬になりＣ保育士のクラスでは、体調を崩す子が増えていた。Ａくんも発熱や下痢（げり）などでたびたび保育所を休むことがあった。Ｂさんは相変わらずＣ保育士を避けているようであったが、Ｃ保育士は送迎時に顔を合わせたときは笑顔であいさつし、自分から声をかけるなどしていた。
　そんなとき、Ａくんがまた体調を崩しがちになり、せきや鼻水の症状が続いていた。Ｃ保育士たちクラスの保育士は、一人ひとりの園児の体調に気を配りながら、せきや鼻水が出ていても元気があるときは子どもを戸外での遊びに誘うようにしていた。
　その日もＡくんは少しせきをしていたが、熱もないし元気な様子であったので午前中は園庭で遊び、午後の検温でも異常はなかったことなどを、Ｃ保育士は夕方のお迎えのときにＢさんに伝えた。するとＢさんは、強い口調で「Ａは体調が悪いので、絶対に外で遊ばせないでください。これ以上悪くなったらどうしてくれるのですか」と言ってきた。検温や体調観察も適切に行っているし問題はないと思ったが、どちらかというと淡々と話す印象のＢさんの、いつにもない様子にＣ保育士は驚き、そこまで声を荒げるのには何か理由があるような気がした。そこで「今日は私の判断で勝手に外で遊ばせてしまい、すみませんでした。お母さんの考えをよくお聞きしておけばよかったですね。Ａくんの体調がとても心配なのですね」とＢさんにお詫びして聞いてみた。すると、Ｂさんの目から涙があふれ止まらなくなってしまった。
　Ｃ保育士はＢさんを別の部屋へ誘い、園長先生と一緒に話を聞くことにした。しばらくして落ち着いたＢさんは、反対を押し切ってＡくんを産んだので親にも頼れず一人で子育てと仕事を頑張ってきたが、いくら働いても経済的に厳しい現状や、夜や休日は疲れ果ててゆっくりＡくんに向き合うこともできず、後ろめたい思いをもっていることなどを話してくれた。特に生活が苦しく、家賃の支払いが滞りがちで、保育所で必要なものも買ってやりたいが冬物の服１枚買うのも困難であるのに、最近はＡくんが保育所を休みがちで、そうなると自分も仕事を休む日が多くなり、仕事を辞めさせられるのではないかという不安を常に抱えているとのことであった。
　園長先生が「Ｂさんは本当に大変だったのね。今まで一人でよく頑張ってきましたね。生活のことはいろいろな手立てがあるから一緒に考えていきましょう」と言うと、Ｂさんは少し安心したようだ。Ｃ保育士はＡくんの担任保育士として、Ｂさんにどのような支援ができるのだろうと考えている。

秘密保持の必要性

　いつもは見られない声を荒げるＢさんの姿に、ようやく彼女のニーズを察したＣ保育士は、「お母さんの考えをよくお聞きしておけばよかったですね。Ａくんの体調がとても心配なのですね」と保護者を受け止めることができた。**事例１**では顔を合わせることも避けていたＢさんが、Ｃ保育士に困っていることを打ち明ける気持ちになったのは、保育士の態度の変化に気づいたからである。
　別室で生活に困っていることを話したとき、Ｂさんはどんな気持ちがしていただろうか。抑えていた自分の感情を表出（ひょうしゅつ）できる心地よさや、それを受け止めてもらえるという安心感を感じつつ、こんなことを打ち明けてしまって本当に大丈夫だろうか、この先どうなってゆくのだろうかという不安もあるはずである。ここでもし、信頼している人に打ち明けた秘密が他の人に漏れていることがわかったら、その人との信頼関係はまた失われてしまうことになる。信頼関係は相手と自分の相互作用であることをよく理解するならば、自分たちを信頼して秘密を打ち明けてくれたことを受け止め、秘密を適切に保持することによって、自分はあなたの秘密は決して漏らさないということを相手に伝え、理解してもらうことが必要である。この相互作用により、信頼関係はより強固なものになっていく。

自己決定をうながすかかわり

互いにＡくんの体調を心配しながら、元気があるときは外遊びに誘っていたＣ保育士に、「絶対に外で遊ばせないでほしい」と強い口調で要望したＢさんだが、園長先生と一緒に話を聴いたあとで、これからＣ保育士はＡくんにどのように対応すればよいだろうか。Ｂさんは、Ａくんが体調を崩して保育所を休むことが増えれば、仕事を辞めることになってしまうことを心配していた。Ｃ保育士は専門家としての知識や経験から、検温や健康観察するなど適切にＡくんへの対応は行っているが、それではＡくん親子への援助とはいえない。

子ども家庭支援において、問題を解決するためにどのような方法が正解かは、保育士にも保護者にもわからない。しかし、「自分で決めたこと」であれば、結果がどのような方向に向かうことになっても納得がいくものである。保護者と保育士それぞれの立場からみたニーズに折り合いをつけつつ、保護者が自分自身で前向きに問題を解決していこうと思えるようにするために、保育士として重要なことは、必要な情報提供を行いつつ、常に保護者の自己決定を支持し尊重する態度である。

Step3

1. 保護者と保育士との間に生まれる力動的な相互作用

本講では、子育て支援に際して保育士に求められる基本的態度として、バイステックの提唱した7原則を学んだ。しかし、これに則（のっと）った態度をとればすぐにどのような保護者との間にも信頼関係が形成され、援助がうまくいくということにはならない。

バイステックは「援助関係とは、ケースワーカーとクライエントとのあいだで生まれる態度と感情による力動的な相互作用である」*1と述べており、その相互作用が**図表8－1**（87ページ）に示されている。

相互作用の第1段階では、保護者から保育士に言葉や態度などでさまざまなニーズが示される。例えば Step 2 の保護者も、保育士に対して「母親としてではなく個人としての私の話を聞いてくれるだろうか」「私のことをダメな親とみるのではないか」「秘密を打ち明けたらほかの先生や保護者にも伝わってしまわないか（だから容易には話したくない）」というような気持ちを抱いているであろうことが、保護者の言動の端々からうかがえる。

事例1（90ページ）では、保育士がそれに対して適切に反応できず、保護者としてとるべき（と保育士が考えている）態度を強く求めたり、指導的にかかわったりしたため、保護者は保育士を避けることになってしまった。しかし**事例2**（91ページ）では、保護者の気持ちやニーズを感知し、直接言葉で伝えているわけではないが「私はあなたの考えを正しいとか間違っているとか判断しない」「そこにはあなたにとって重要な問題があるのだろう」「私はその解決のための手助けをしたいのだ」という態度で受容的にかかわっている。このような保育士から保護者に向けた反応が、相互作用の第2段階である。

第3段階では、保護者が保育士の反応に気づきはじめる。保護者が思わず涙を流し、今まで打ち明けられなかったことを話すことができたのもその表れだろう。

もちろんこの事例のような1回のエピソードだけで信頼関係が成立するということではなく、さまざまな場面でのやりとりにおいて両者の間に言葉や態度、あるいは目に見えない感情が力動的、相互的にはたらき、徐々に信頼関係が形成されていくのである。

---

*1　F・P・バイステック，尾崎新・福田俊子ほか訳『ケースワークの原則――援助関係を形成する技法 新訳版』誠信書房，p.17，1996.

2. 保育の場で形成される信頼関係

クライエントとソーシャルワーカーとの間の援助関係がケースワークやグループワークなどの援助場面で形成されていくのと同様に、保護者と保育士とが時間をとってじっくりと面談を行うなどの援助の場を設定し、そのなかで関係を形成するということは、現在の保育所がおかれている状況では難しいだろう。したがって、保護者と保育士との信頼関係が形成されるかどうかは多くの場合、日々の保育を通じた子どもや保護者とのかかわりによる。例えば、朝、登園してきた子どもと保護者に笑顔で明るくあいさつする、子どもや保護者の表情などの何気ない変化に気づいて声をかける、お迎えのときにはその日の子どもの様子を伝えるなど、短い時間のなかで保育士が当たり前のこととして通常行っている行為だが、そのような日常のかかわりから信頼関係は生まれてくる。

事例の保育士もあいさつをしたり、子どもの様子を詳しく伝えたりという保育士としての適切な行動はとっていたが、**事例1**で足りなかったのは、そのかかわりのなかで保護者と信頼関係を築きたい、○○ちゃんのお母さんでなく、一人の大切な個人として理解し、尊重（そんちょう）したいという思いをもち、そのために保護者のニーズを知ろうとすることではなかったか。結果として、本当は生活が苦しく、園から指示されたものを用意することもままならず困っていた保護者の問題に気づくことができなかったのである。

日々の保護者とのかかわりのなかで、Step 2で述べたような力動的な相互作用が保護者と保育士の間に展開されるときに信頼関係は形成されていく。保育士はそのことをよく理解し、意識して保育実践を行うことが求められる。

バイステックは先に引用した部分に続けて、さらに「この援助関係は、クライエントが彼と環境とのあいだにより良い適応を実現してゆく過程を援助する目的をもっている」[*2]とも述べている。

保護者と保育士との信頼関係を基本として、保護者の気持ちを受け止め、保護者の自己決定を尊重することは、子ども家庭支援のゴールではなく、親子が環境との間によりよい適応を実現してゆくという援助の目的に到達するためのスタートにすぎないが、信頼関係なくしては援助の過程ははじまらないともいえるのである。

---

*2　前出*1, p.17

参考文献

- F・P・バイステック，尾崎新・福田俊子ほか訳『ケースワークの原則――援助関係を形成する技法 新訳版』誠信書房，1996.
- 柏女霊峰・橋本真紀『増補版 保育者の保護者支援――保育相談支援の原理と技術』フレーベル館，2010.
- 橋本好市・直島正樹『保育実践に求められるソーシャルワーク――子どもと保護者のための相談援助・保育相談支援』ミネルヴァ書房，2012.

COLUMN 保護者から信頼される保育士になるということ

保育士を志す学生の皆さんは、「子どもが好きだから保育士になりたいけれど、私に家庭支援なんてできるのだろうか」「保護者と信頼関係を築くのが大切なのはわかるけど、新人の保育士を信頼なんてしてくれるのだろうか」などと不安に思ってはいないだろうか?

以下は、実際にある保育園の園長先生からうかがった新人保育士に対する思いである。

「今の新人保育士はかわいそうだなと思うことがあります。私が駆け出しのころは、本当に子どもとだけ向き合って、子どもと遊び込むことができた時代でした。その経験を積み上げて、保育の楽しさを十分に味わっていくなかで、自分の保育観や子ども観に理論づけしてこられたと思っています。でも今の保育士は、最初から保護者対応や危機管理などが求められます。自分にゆとりのないころからさまざまなことに気を張らないといけません。だからそういうところを先輩がカバーして、まずは『保育は楽しい』と思うところからのスタートをしてほしいと願います。10年くらい気長に、新人保育士のよいところを認めながら、職員相互で支え合って仕事をしていると、子どもを大事にし、保護者からの信頼も厚い保育士になってくれますよ」

自分一人だけで「保護者から信頼される保育士」になっていくのではないということだ。

（賞雅さや子）

第9講

家庭の状況に応じた支援

本講ではまず、保育者が子どもの家庭の状況に応じた支援を行うために保育者がかかわることが多いと思われる子どもと家族の状況について説明する。次に、保育者の価値観や一般的な概念にとらわれず支援を行うために意識すべき点を学ぶ。最後に、継続的に支援を必要とする家族にかかわる際、保育者に求められる役割と見落としやすい家族の状況について解説する。

Step 1

1. 家庭の状況に応じた支援とは

保育者には、保育所や認定こども園で子どもや保護者にかかわる際、家庭の状況を把握(はあく)し、それに応じた支援を行うことが求められる。

家庭の状況に応じた支援とは、具体的にはどのようなことなのか。例えば、両親の仕事の関係で日本に来た外国籍の子どもが保育所に入所することになった場合を考えてみよう。給食には豚肉が出るが、家族はイスラム教徒で、宗教上の理由で豚肉を食べることができない。保育所と保護者で相談した結果、イスラム教徒が食べられる具材を使って給食の献立表と同じメニューのものを母親がつくり、毎日お弁当に持たせることになった。保育所は保護者の宗教を尊重(そんちょう)し、子どもがほかの子どもたちと一緒に給食を食べる方法を保護者と一緒に検討し、子どもはほかの子どもたちと一緒に食事をすることができた*1。

これは新聞で紹介された一例であるが、保育所の対応により、この子どもと家族は園の中で孤立せず、ほかの子どもとその家族と知り合うきっかけができた。また、ほかの子どもに多様な文化・価値観があることを教えることにつながっている。

保育者が出会う子どもの家庭状況は一人ひとり異なる。就労している父母と生活する子ども、父母・祖父母と一緒に生活している子ども、父または母のみと生活している子ども、父または母とその再婚相手や再婚相手の子どもと一緒に生活している子ども、実の親と一緒に生活できず、祖父母・親戚や里親と、あるいは施設などで生活している子どももいるだろう。誰と一緒に住んでいるかは、家族の状況を考えるうえで重要である。さらに、外国にルーツをもつ、保護者が病気や障害をかかえている、保護者と別々に生活しているなど、家庭ごとにさまざまな状況がある。保育者が子ども、保護者の様子が気になったとき、家庭の状況が影響していることもあるかもしれない。個人情報保護のため、保育関連施設を利用する子どもの家庭状況を把握することが難しくなっているが、子どもと家族の様子を観察し、日々接するなかで支援に必要な情報を取得することが大切である。

2. 家庭の状況

ここでは、保育者が出会うことが多いと思われる家庭の状況について概説し、保育者が家庭の状況を理解することをめざす。

---

*1 「(窓) お弁当、給食そっくり」2018年２月25日付朝日新聞

養育上の課題をかかえた家族

保護者には第一義的に、子どもを養い育てる義務がある。しかし、子育てする際、保護者に経済的、身体的、精神的な余裕がないと、子どもの養育に支障が出る。子どもの安全、成長、発達にマイナスな影響をおよぼすもの、子どもに不利益をもたらす要因を、ここでは養育上の課題と定義する。養育上の課題は1つとは限らず、複数存在する場合も多い。ここでは、滝川の理論に基づき、経済的困窮（こんきゅう）、ドメスティック・バイオレンス（以下、DV）、保護者の疾病（しっぺい）・障害の3つについて解説する[*2]。

1点目は、経済的困窮である。非正規雇用の増加を受け、若い世代のなかには、フリーターや、雇用が不安定で賃金が低い職場などで働く者が増えている。子育て世代の所得分布によると、20代は200万～300万円台、30代は300万円台が多くなっている。令和元年国民生活基礎調査では、子どものいる世帯の60.4％が生活が苦しいと答えている。特に、母子家庭では、ふたり親家庭や父子家庭に比べて世帯収入が低く、収入を得るため母親が仕事をかけもちしていることもある。母親が仕事に出てしまうため、夜遅くまで子どもだけで留守番していたり、家庭学習が十分できず学習の遅れが生じることもある。

2点目は、DVである。2001（平成13）年に「配偶者からの暴力の防止及び被害者の保護等に関する法律」が制定され、家庭のなかで起こる暴力も犯罪とみなすことが明記された。内閣府が実施した調査によると、女性の4人に1人が配偶者から暴力を受けたことがあると回答している。

DVにはさまざまな暴力の形態があるが（**図表9－1**）、パートナーを苦しめるために子どもを使ったり、子ども自身に暴力がおよぶこともある。「児童虐待（ぎゃくたい）の防止等に関する法律」では、DVを目撃することが子どもにとって心理的虐待にあたると定義されており、DVと児童虐待は切っても切り離せない関係にある。

3点目は、保護者の疾病・障害である。保護者の疾病や障害により、自宅での保育ができないことは保育所入所要件に該当する。精神疾患（しっかん）のため服薬している保護者が朝起きられず、保育所の登園時間に遅れる、体調がすぐれず保育所の送迎ができないため子どもを休ませてしまう、知的に遅れのある保護者が保育所からの手紙や連絡帳を理解できず、持ち物の準備ができない、ゴミの分別方法がわからず家の中がゴミであふれていたという事例を聞くことがある。

＊2　滝川一廣「社会的養護を考える」『児童養護』第47巻第1号，2016.

図表9-1 暴力の代表的な形態

身体的暴力	殴る／蹴る／首を絞める／髪を持って引きずり回す／包丁で切りつける／階段から突き落とす／タバコの火を押し付ける／熱湯をかける　等
精神的（心理的）暴力	暴言を吐く／脅かす／無視する／浮気・不貞を疑う／家から締め出す／大事にしているものを壊す／子どもに危害を加えると脅す　等
経済的暴力	生活費を渡さない／女性が働き収入を得ることを妨げる／借金を重ねる　等
性的暴力	性行為を強要する／ポルノを見せたり、道具のように扱う／避妊に協力しない　等
社会的暴力（社会的隔離）	外出や親族・友人との付き合いを制限する／メールを見たり、電話をかけさせないなど交友関係を厳しく監視する　等
その他	「お前は家事だけやっていればいいんだ」「この家の主は俺だ」などを男性の特権のように振りかざす／暴力をふるう原因や責任を女性に転嫁する　等

出典：かなテラス（神奈川県立かながわ男女共同参画センター）「パートナーからの暴力に悩んでいませんか　ドメスティック・バイオレンス（DV）に悩む女性たちへ」p.2，2022.

こうした保護者の病状や知的な能力により、就労や家事、子どもの養育にさまざまな影響が出る。

ひとり親家庭

父親または母親どちらか一方と子どもからなる家庭をひとり親家庭という。平成28年度全国ひとり親世帯等調査によると、母子世帯数は推計で123万2000世帯、父子世帯は18万7000世帯となっている。ひとり親となる理由は離婚が最も多いが、父母どちらか一方が死別、父母が婚姻関係を結ばず母が未婚で出産、父母のどちらか一方が法令規定により拘禁（こうきん）されている場合などもひとり親家庭とされる。

日本では離婚後、母親が子どもの親権者になる場合が圧倒的に多い。平成28年度全国ひとり親世帯等調査によると、離婚した父親から養育費を受け取っている母子世帯は24.3％であり、父親から経済的援助を受けている世帯は多くない。

ひとり親世帯の父母はどちらも80％以上が就労しており、正規職員・従業員として働いている割合が多い。平均就労収入はひとり親の母親で200万円、父親で398万円、年間収入はひとり親の母親で243万円、父親で420万円となっており、父母間で収入に差がある。また、給与所得者の年間平均給422万円（男521万円、女280万円）（国税庁、2017）に比べひとり親家庭の給与水準は低くなっており、ひとり親家庭、特に母子家庭は経済的に厳しい状況におかれている。

先述のひとり親世帯等調査によると、母子世帯では、母子のみで生活している世帯が61.3％、母の親等と同居している世帯が38.7％、父子家庭では、父子のみで生活している世帯が44.4％、父の親等と同居している世帯が55.6％となっている。母子家庭に比べ、父子家庭のほうが、親族からの支援を受けていることが推測される。一方、母子家庭の母親の多くは、就労収入で家族を養う役割と、子どもを養育する役割を一人でこなさなければならず、精神的・身体的に厳しい状況にあると指摘されている。

ステップファミリー

婚姻件数は1972（昭和47）年の109万9984組をピークに、増加と減少を繰り返してきた。2013（平成25）年から減少しており、2019（令和元）年に増加したものの、その後は再び減少に転じ、2021（令和３）年には50万1138組となっている。厚生労働省によると、2020（令和２）年の婚姻件数総数の26.4％が「夫婦とも再婚又はどちらか一方が再婚」によるものとなっている。夫婦ともに30歳代で再婚する割合が高いが、この年代は子育て世代ともいわれる。再婚する場合、夫婦のどちらか一方または双方に前配偶者との子どもがおり、その子どもを連れて再婚することが想定される。

このような家族を『ステップファミリー』といい、血縁関係にない親を継親（けいしん）（継父（けいふ）、継母（けいぼ））、前の配偶者との間の子どもを連れ子と呼ぶ。ステップファミリーに関する統計がないため、ステップファミリーの実数は不明である。

日本では、血のつながりがない親子でも一緒に暮らせばすぐ家族になれる、相手を愛していれば、相手の連れ子も愛することができる、相手の連れ子も新しい父母をすぐ親として認める、という考え方が潜在（せんざい）的に存在している。夢と希望に満ちあふれて結婚したものの、実際に子育てがはじまると、母親としてふるまおうとする継母に対し、母親として受け入れる準備ができていない子どもが否定的・拒否的な態度をとり、子どもは実父に自分の気持ちを訴え、父親は子どもと妻の間で板ばさみになることが報告されている。このような状況が繰り返されると、家庭内の緊張感が高まり、血のつながりのある親子間でも対立が起こる*3。

ステップファミリーが家族としてまとまるまでには、年単位の時間がかかるといわれる。子どもの年齢が低いほうが家族がまとまるまでに時間が短いとされ、継親に父親・母親としての役割が期待され、結婚が急がれる傾向がある。

外国にルーツをもつ家族

法務省出入国在留管理庁の統計によると、日本で生活する外国人は2021（令和３）年12月末時点で276万635人であった。在留外国人の出身国上位５か国は、中国、ベトナム、韓国、フィリピン、ブラジルとなっている。

令和２年度子ども・子育て支援推進調査研究事業「外国籍等の子どもへの保育に関する調査研究報告書」によると、調査に回答した保育所等のうち60.2%が外国籍等の子どもが在籍していると思うと回答している。外国にルーツをもつ子どもの受け入れに関し、特段課題はないと回答する保育所がある一方、文化の違いやコミュニケーションが十分取れないことから、外国にルーツをもつ子どもや保護者が困っていることがわからないと回答する保育所等もある[*4]。

言葉や生活習慣、文化、子育ての考え方、方法は、国や地域ごとに異なる。外国にルーツをもつ子どもを保育施設で受け入れる際、子どもの出身国の生活習慣、文化を理解することが必要である。例えば、家庭で親の国の料理しか食べたことがないため、保育施設ではじめて日本食を食べ、なじめず給食を食べない。体温を測る習慣がなく、子どもが熱っぽくても自宅に体温計がないのでそのまま保育所に連れて来る。水筒を使うことがないので、水筒を持参するよう伝えると、中身が入っていない水筒を持ってくるということが、実際に保育現場で起こっているという[*5]。

外国人の子どもを保育所で受け入れる際、保育士は、保護者や子どもと「言葉が通じない」ことに困ることが多い。日常会話はできるが文字が読めない保護者も多く、保育所からの連絡事項や手紙が読めず保育に支障が出ることもある。

一方、住んでいる場所や就労先に同胞人しかおらず、ちょっとしたことを聞いたり相談できる日本人が身近にいない外国籍の保護者も多い。外国籍の保護者にとって保育施設は、日本で生活していくうえで困ったことを相談できる場所の１つとなっており、書類の読み方、日本の習慣、行政制度、子どものしつけ、子どもの発達の遅れ、健診や病気・けがに関する相談を受けることが多い。

外国にルーツをもつ子どもが多く在籍する保育所には、通訳を配置しているところもある。通訳は言葉を訳すだけでなく、保育士に子どもと保護者の国の文化や習慣を紹介し、保護者には日本の習慣や制度・手続きを説明し、子どもと保護者と保育士をつなぐ役割を果たしている。また、近年は保育所にもICT機器の導入が進み、１園に１台翻訳機を支給している自治体もある。翻訳機を活用することで、保

＊3　野沢慎司「家族下位文化と家族変動――ステップファミリーと社会制度」牟田和恵編『家族を超える社会学――新たな生の基盤を求めて』新曜社，pp.182～183，2009.

＊4　令和２年度子ども・子育て支援推進調査研究事業「外国籍等の子どもへの保育に関する調査研究報告書」三井UFJリサーチ＆コンサルティング，pp.18-22，2021.

＊5　日本経済新聞「子育て 外国人とニッポン（上） 保育園、共生へ寄り添う 異なる言語や食習慣…給食に代替食 会話の手引き共有」2017年４月17日

＊6　前出＊4，p.27

護者との日常的なコミュニケーションが活発になることが期待される*6。

里親家庭

保護者が死亡したり、病気のため入院している、虐待等により家族と一緒に生活することができないなどの子どもを自分の家庭に迎え入れ養育している人を、里親という。里親は、児童福祉法第６条の４に規定されており、養育里親、専門里親、親族里親、養子縁組里親に分類される（**図表９−２**）。また、季節・週末里親として活動する者もいる。里親になるために特に資格は必要ないが、居住地の児童相談所に相談し、所定の研修を受けることが義務づけられている。研修終了後、児童福祉審議会等での審査を経て、里親名簿に登録され、児童相談所等で子どもと里親のマッチングを行い、里子の委託となる。2019（令和元）年度末、登録里親数は１万3485世帯、委託里親数は4609世帯、委託児童数は5832人となっている。

国は里親への委託推進をめざしている。しかし、2019（令和元）年度末の段階で、里親等委託率*7は、全国平均で21.5％となっている。

社会での里親への認知度はまだ低く、里親であることをオープンにしていない家庭もある。預かっている子どもを大切に育てたいと思う気持ちがあっても、複雑な家庭背景のなかで生活してきた子どもが試し行動などを行う等、対応に苦慮している里親家庭もある。児童相談所等による里親支援が十分機能していないとの指摘もあり、保育施設では日々の保育を通し、里親からの相談を受けることが望まれる。

図表9-2 里親の種類

登録種別	概要
養育里親	自分の家族と一緒に暮らすことのできない子どもを一定期間自分の家庭に迎え入れ養育する。
専門里親	虐待や非行、障害などにより、専門的なケアを必要とする子どもを一定期間自分の家庭に迎え入れ養育する。
親族里親	実親が死亡、行方不明などの理由により子どもを養育できない場合、祖父母等親族が里親となって子どもを養育する。
養子縁組里親	子どもと養子縁組することを希望し、養子縁組が成立するまでの間、里親として子どもと一緒に生活する。
季節・週末里親	週末や長期休暇中に数日子どもを預かり養育する。

出典：厚生労働省「里親になりませんか？この子が健やかに育つ場を」，「広げよう「里親」の輪」をもとに作成。

＊7　施設や里親家庭等で生活する子どものうち、里親家庭やファミリーホームで生活する子どもの割合を示す指標。

Step 2

家庭の状況に応じた支援を行ううえで保育者に求められる姿勢

保育所保育指針の第４章には、子育て支援について明記されている。子育て支援の実施に際し、保護者の気持ちを受容し、保護者と信頼関係を築き、保護者の自己決定を尊重した支援を行うことや、保護者の状況を考慮しつつ、子どもの福祉が尊重され、子どもの生活が保障されるよう、必要に応じて個別の対応に努めることが規定されている。保育者が家庭の状況に応じた支援を行う際、上記のことをふまえつつ、次の４点を意識することが必要である。

「普通の家族」にとらわれない

日本では、父母とその子ども、父母どちらかの親からなる三世代での暮らしが一般的だった。しかし、高度経済成長期に入り、父母と子どもで構成され、夫は勤め人・被雇用者、妻は有業・無業どちらの可能性もある「サラリーマン家族」が一般的になり、この家族形態が、日本では長く「普通の家族」とみなされてきた。

しかし近年、女性の社会進出や労働市場での人手不足を受け、共働き世帯が増え、家庭内での家事・育児の分担、仕事と家庭の調和（ワーク・ライフ・バランス）への関心が高まっている。また、離婚・再婚への抵抗感が減り、ひとり親家庭のように「普通の家族」にあてはまらない家族も増えている。

家族の構成メンバーが「普通の家族」と異なることを理由に、子どもとその家族を特別な家族としてみるのではなく、子どもや家族が誰を「家族」だと思っているのかを理解し、受け入れることが必要である[*8]。

自分の家族観を知る

子どもと家族にかかわるなかで、「なんで家族なのに○○しないんだろう」「家族なんだから○○しなきゃならないのに」と思う保育者もいるかもしれない。保護者の意向や考えに共感できず、保護者に対し否定的な感情を抱くこともあるだろう。

人間は価値観や考え方が一人ひとり異なる。人の価値観や考え方は、その人が育ってきた環境、成長するなかでかかわった人たちに影響され、形成される。特に家族をどのようにとらえるかは、その人が育った家族の状況に大きく左右される。

子どもとその家族を支援するときに保育者が感じる違和感は、保育者自身の家族

＊8　前出＊2, pp.175〜177

観と支援する家族の家族観が異なることから生じる。保育者は、子どもとその家族がもつ家族観を受け止め、一般的な家族観、保育者自身の家族観を押し付けていないか注意する必要がある。

カテゴライズしない、ラベリングしない

ある条件で人や物を分類することをカテゴライズ、自分の思い込みで判断した基準に人や物をあてはめることをラベリングという。例えば、ひとり親家庭に対して「お父さんがいないから○○だ」と決めつけたり、外国にルーツをもつ家庭に対し、「○○出身の人だから」と思ってしまうことは、子どもや家族をカテゴライズ、ラベリングしていることになる。

「この家庭は○○だ」と決めつけるのではなく、家族がもつ文化・宗教・価値観の違いやその家族が生活してきた社会状況を知ること、子どもや家族の価値観が形成された過程を理解することが大切である。特に、外国にルーツをもつ家庭には、日本のやり方に従うよう指導するのではなく、文化・価値観が違えば考え方が違って当たり前という姿勢で接し、日本の生活習慣、保育・子育て方法、考え方を押し付けず、子どもと家族のもつ文化・価値観との違いを受け入れる余裕が必要である[*9]。

家族をエンパワメントする

人は、困難や問題に遭遇（そうぐう）すると、どうしたらいいかわからず、普段できていることができなくなってしまうことがある。その人がもっている力を取り戻し、その人自身が困難や問題に対処できるように支援することをエンパワメントという。

子どもや家族を支援する際、保育者が「お母さんこうしないと」と指示するのではなく、子どもと家族がどうしたいのか、子どもと家族が困難な状況にあってもできること・方法は何かを一緒に考えることが大切である。そうすることで、子どもと家族はエンパワメントされ、自分たちの力で困難な状況に対処していくことができるようになる。

一方、保育者や周りの人が問題だと思うことでも、その人自身は何が問題なのか理解できない場合がある。わかろうとしない、問題から逃げているとみなすのではなく、どうして理解できないのか、子どもや家族の考え方、価値観、生活背景からその理由を探り、その過程で子どもや家族の強さ、強みを見つけることも大切である。

＊9　日本保育協会「保育の国際化に関する調査研究報告書－平成20年度－」pp.30～31，2009.

Step3

1. 継続的な支援が必要な場合

支援は永遠に続くものではなく、子どもと家族がかかえていた課題が改善・解決されれば終了する。しかし、子どもと家族の状況によって、継続的に支援を必要とする家庭もある。子どもが保育所や認定こども園等を卒園したり転居したら保育者とのかかわりは終了ではなく、継続的に支援を必要とする家庭を適切な支援につなぐことが必要である。ここでは、継続的な支援を判断する際の配慮と小学校との連携について説明する。

継続的な支援を必要とする家庭

継続的な支援を必要とする家庭とはどのような家庭だろうか。保護者が疾患（しっかん）や障害をかかえている、外国籍で日本語に不自由している家庭については、引き続き支援を必要とする可能性が高い。一方、保育者による支援が終了した家庭でも、保育所を卒園し、小学校入学により環境・生活状況に変化が生じたり、家族形態に変化が生じることで、生活に余裕がなくなり、支援を必要とする状況が起こる可能性もある。

卒園にあたり、保育者が支援するなかで把握（はあく）した家族の脆弱性（ぜいじゃくせい）を再度評価し、新しい環境・生活で起こりうる課題を予測し、支援を必要とする状況に陥（おちい）りやすい場合は、そのことを小学校等に引き継ぐことが必要である。

教育機関との連携

秋になると、各教育機関で就学時健康診断が行われる。保護者と登降園時に就学時健康診断について話をすると、保護者が就学に関してどのような心配や不安を感じているか把握することができる。心配や不安をかかえている保護者には、小学校と連携していること、学校と情報を共有することが可能であることを伝え、小学校にどのように相談していくか、保護者と一緒に考えることが大切である。

保護者は、小学校の誰に相談すればよいか聞いていても、会ったことがない先生の所に出向いて相談することに躊躇（ちゅうちょ）し、一から家族の話をすることに負担を感じる場合もある。保育者には、小学校に家族の状況を伝えるだけでなく、保護者の代弁者として保護者の不安や思いを小学校に伝えたり、保護者に学校のシステムや考えを解説し、両者の橋渡しをする役割も求められる。

2. 見落としやすい家庭の状況

さまざまな家庭の状況をみてきたが、次のような家庭も留意して支援する必要がある。

転居

転居した後に実態が確認できない居所不明児童問題や、転居後に虐待が再発し死亡する事件が注目されている。父親の仕事の転勤、家庭の事情で子どもの祖父母宅に転居してきた等、転居にともない入園してくる子どもは少なくない。

子どもにとって転居は、親の都合によるものである場合が多く、慣れ親しんだ場所や友だちとの別れを経験し、喪失感を感じていることもある。子どもの年齢によってはそれをうまく表現できない場合もあり、子どもの様子を観察し、子どもの状況を保護者と共有し、子どもに転居理由をどう伝えるか保護者と相談することが大切である。

保護者にとって知り合いがいない土地への転居は、保護者自身が行動しなければ周囲・社会からの孤立を引き起こす。登降園時に生活情報を提供したり、ほかの子どもや保護者と知り合いになれるよう配慮したり、家族が必要とする支援につなげるなど、子どもと家族が地域で孤立しないよう配慮することが必要である。

若年の保護者

日本における10代女性の出生数は、2021（令和３）年は5542人で、全出生数の１％に満たない。20歳未満で出産する「若年出産」は、数自体は少ないものの一定の割合で存在し、「特定妊婦」として支援対象になる場合もある。

日本では若年親は家族との同居率が高いため、家族の中に埋もれてしまい実態が把握できていない。「望まない妊娠」への予防に力が注がれているが、若年親のなかには高校中退者が多く、高卒資格がないため就職に困り、経済的に困窮する者もいる。同年代の母親が少ないため、悩みを共有する場がSNS等に限られがちであり、若年親を支援する社会資源も少ない。若年親自身が支援の対象となる存在であることを理解し、子どもを育てたいと思っている若年親の気持ちを尊重し、周囲・社会から支援を受け、子どもと一緒に生活できるよう支援していくことが必要である。

その他、LGBTの保護者や孫を育てている祖父母も支援対象として見落としやすいので、意識してかかわることが必要である。

参考文献

- 法務省出入国在留管理庁「令和３年末現在における在留外国人数について」2022.
- 厚生労働省子ども家庭局家庭福祉課「社会的養育の推進に向けて」2017.
- 厚生労働省子ども家庭局家庭福祉課「平成28年度全国ひとり親世帯等調査結果報告」2017.
- 厚生労働省「令和２年人口動態統計」2020.
- 内閣府「令和４年版少子化社会対策白書」2022.
- 内閣府男女共同参画局「男女間における暴力に関する調査（令和２年度調査）」2021.
- 中薗桐代「生活保護受給母子世帯と『自立』支援」『賃金と社会保障』No.1426，2006.
- 野沢慎司・茨木尚子・早野俊明・SAJ 編著『Q&A ステップファミリーの基礎知識――子連れ再婚家族と支援者のために』明石書店，2006.
- 大川聡子『10代の母というライフスタイル――出産を選択した社会経験に着目して』晃洋書房，2016.

第10講

地域の資源の活用と自治体・関係機関等との連携・協力

子育て支援にあたっては、保育所の保護者のみならず、地域の保護者等に対する支援が求められる。支援にあたっては、保育者だけが対応するのではなく、地域の多様な資源の活用と市町村等の自治体・関係機関との連携・協力が不可欠である。

本講では、そうした地域の多様な資源の活用と自治体・関係機関との連携・協力に関する基本事項と実際のあり方、さらなる展開について具体的に学ぶ。

Step 1

1. 子ども家庭支援と地域の資源の活用

保育士の役割と地域の資源の活用

保育士は、児童福祉法第18条の４において「保育士の名称を用いて、専門的知識及び技術をもって、児童の保育及び児童の保護者に対する保育に関する指導を行うことを業とする」とあるように、子どもの保育だけでなく保護者への指導を行うことが規定されている。一方、児童福祉法第48条の４第２項において「保育所は、当該保育所が主として利用される地域の住民に対して、その行う保育に支障がない限りにおいて、乳児、幼児等の保育に関する相談に応じ、及び助言を行うよう努めなければならない」とあるように、保育所には地域の住民に対する保育に関する支援が努力義務として課されている。

こうした規定からも、保育所の保育士には、保育の中核的な役割を担う専門職として、保育所を利用する子どもの保育とその保護者への指導・助言等はもとより、地域の住民の保育に関する支援が期待されているといえる。保育所が組織レベルで地域の多様な機関や団体と連携して協働するとともに、保育士の一人ひとりが地域の保護者の身近な存在として、その専門性に基づいた直接的な支援（相談や助言、行動見本の提示等）を行うことは、地域の保護者にとっても心強く、保育に関する不安や心配、悩みの解消や問題解決につながる。

保育士による直接的な支援は、地域の保護者を含めて、保護者のかかえる問題解決や問題の予防・早期発見等に有効なことが多く重要であるが、保護者の養育力の向上や子どもと子育てを支える地域社会づくりという観点からは、保育士自身による専門的な直接的支援だけでなく、地域の多様な資源を活用した側面的な支援の展開も保育士には強く求められる。

その他にも、地域に開かれた保育所として、地域の多様な人々（小中高生や高齢者等）との交流を行ったり、地域の団体や組織の行事・イベントに保育所や地域の子どもたちが参加できるよう保育士が積極的にかかわっていくことは、地域の広い年代の子どもの健全育成や次世代育成支援の観点からも、意義ある地域の資源の活用のあり方といえる。

社会資源の意味と地域の子育てを支える社会資源

地域には、子どもの育ちや子育て支援に活用できるさまざまな資源があるが、一般に利用者（子ども・保護者）のニーズを充足したり、問題を解決したりするために活用される有形無形の資源の総称を、社会資源と呼ぶ。社会資源には、ニーズの充足や問題解決に役立つ法律や制度、施設や設備、資金や物品、専門職やボランティア、家族・親族、知人・友人、利用者本人も含む地域住民といった多様な人々とその人々がもつ知識や情報、技術、能力といったすべてが含まれる（社会資源の全体については**第4講**を参照）。

社会資源の分類と活用の視点

地域の社会資源を分類してみると、支援にあたっての活用の視点が見えてくる。まず、分類の仕方としては、すでに制度化されている公的なサービス（フォーマルな社会資源）か、家族や親族、近隣、友人・知人などの支援をはじめとする制度化されていないサービス（インフォーマルな社会資源）かという最も一般的な視点からの分類のほか、広く一般的に利用・活用できる資源（一般的社会資源）か、特定の分野・領域のニーズに関連した資源（関連社会資源）かという分類、利用者の外にある資源（外的社会資源）か、利用者自身の能力や資質、性格のように利用者の中にある資源（内的社会資源）という分類、さらにはすでに現存する資源（既存の社会資源）か、これから必要とされる資源（開発が必要な社会資源）かという分類も可能である。

社会資源の活用というと、一般に制度化されたフォーマルな社会資源や特定のニーズにあった関連社会資源の活用などの利用者の外にある既存の社会資源を積極的に活用することがイメージされがちである。しかし、利用する側の立場に立てば、社会資源の活用は、利用者（保護者等）の自己決定の尊重（そんちょう）が不可欠であり、押しつけになってはならない。

それとともに、実際の利用にあたっては、制度化された社会資源よりも、自然発生的な家族・親族、近隣、友人等の支援を得ることのほうが敷居も低く活用しやすいことも多い。同様に、福祉や医療・教育といった特定のニーズのために設立・設置された社会資源（行政による保育・福祉関連のサービスや教育・保健医療関連サービス）は、対象が限られていたり、利用制限があったりすることもあるため、地域に一般にあって誰でも利用できる社会資源（地域の子育てサークル活動や子ども会、民間事業者によるサービス等）のほうが身近にあって利用しやすいこともある。さらに、社会資源には利用者本人も含まれることから、子どもや保護者の外にある社会資源に目を向けるだけでなく、保護者の資質や養育能力を高めることや保護者のもつ多様な人間関係や環境を活用する視点をもつことも重要である。

それでも、地域の社会資源の活用には限界があり、既存の社会資源ではニーズの充足や問題解決ができない場合もある。そうした場合には、他の専門職と連携しつつ、社会資源を開発するという視点が求められる。

2. 子ども家庭支援と自治体・関係機関等との連携・協力

子ども家庭のニーズの多様化と自治体・関係機関等との連携・協力

今日、子どもの育ちや子育てに関するニーズは多様化するとともに、さまざまな形で顕在化（けんざいか）してきている。その背景には、障害のある子どもや発育・発達状態に課題のある子ども、アレルギー対応や医療的ケアが必要な子ども、海外から帰国した子どもや異文化の子どもなど、一人ひとりの子どもの状態や環境がさまざまであることと、女性の社会進出や男女共同参画社会の推進により、女性の就業率が高まるなかで、共働き家庭が増えてきていることによる子育て家庭の保育ニーズの高まりがある。特に、近年では、少子化による労働力人口の減少を背景に、女性の職業生活における活躍がいっそう期待されてきていることなどから、子育てに関する支援ニーズはよりいっそう高まることが予測される。

一方、そうした多様なニーズをかかえる子ども家庭を取り巻く状況を見てみると、核家族化等をはじめとする家族構成の変化や地域のつながりの希薄化（きはくか）によって、三世代同居のなかで得ることのできた家族からの協力や助言や近隣等の身近な人々からの支援等が受けられにくくなってきている。そのほかにも、ひとり親家庭の増加も顕著（けんちょ）であり、特に母子家庭については経済的困窮（こんきゅう）をかかえる世帯の多さに関する現状が指摘されているほか、子ども虐待（ぎゃくたい）やドメスティック・バイオレンス（DV）のある家庭、外国籍の家庭など、特別な配慮が必要な家庭の増加がみられ、その傾向は、コロナ禍を通してより顕著となったといえる。

こうしたなかで、保育者には地域で多様なニーズをかかえる子どもとその家庭に直接かかわる保育の専門職としての対応が求められるといえるが、そのすべてに保育者が対応することは不可能であり限界がある。そのため、保育者は自己の専門性と範囲をふまえ、その問題や状況によって、一人でかかえ込むことをせずに、園全体で対応したりするほか、自治体や他の関係機関に連絡をしたり、支援が受けられるようにするなどの連携や、チームやネットワークのメンバーとして協力をするなどの役割を果たすことが求められる。

子ども・子育て家庭の立場に立った自治体・関係機関等との連携・協力

子ども・子育て支援関連３法が成立し、地域の実情に応じた子ども・子育て支援（地域子ども・子育て支援事業）の充実が行われることになった。この地域子ども・子育て支援事業は、子ども・子育て支援法第59条に基づき、市町村が市町村子ども・子育て支援事業計画に従って実施するもので、①利用者支援事業、②地域子育て支援拠点事業、③妊婦健康診査、④乳児家庭全戸訪問事業、⑤養育支援訪問事業、⑥子育て短期支援事業、⑦子育て援助活動支援事業（ファミリー・サポート・センター事業）、⑧一時預かり事業、⑨延長保育事業、⑩病児保育事業、⑪放課後児童クラブ（放課後児童健全育成事業）、⑫実費徴収に係る補足給付を行う事業、⑬多様な主体が本制度に参入することを促進するための事業の13事業からなる。

保育所においては、市町村からの支援を受けつつ、その中から地域のニーズ等をふまえた事業を実施することが望まれるが、保育者にはその事業展開のなかで、地域の子育て拠点としての役割を保育所が発揮できるよう、子ども・子育て家庭の立場に立った支援が求められる。具体的には、地域の子どもや子育て家庭に関する情報の把握（はあく）を適宜（てきぎ）行いつつ理解を深め、その過程で問題の予防、発生した問題の早期解決が可能となるように地域の保護者等に寄り添った相談や助言、情報提供などを行うほか、発見したニーズや問題（特に虐待等の要保護児童の問題）については市町村や関係機関に適切につなげるとともに、それがスムーズにできるよう日ごろからネットワークを形成し、良好な関係性をもっておくことが求められる。

また、そうした市町村や関係機関との連携・協力にあたっては、子どもや保護者のプライバシーの保護や個人情報等の秘密保持の遵守（じゅんしゅ）が不可欠であり、正当な理由なく、業務上知り得た子ども・保護者の秘密を漏らすことがあってはならない。ただ、虐待事案の場合など、秘密を保持することが子どもの福祉を侵害する場合については、通告義務が優先されるため、守秘義務違反にはならない。いずれにしても、自治体・関係機関との連携・協力は、子ども・保護者の福祉の向上ということが第一に優先・尊重される。

さらに、コロナ禍における対応をふまえて、関連機関との連携・協力においては、対面以外のオンライン等を活用した多様な方法の活用が今後も適宜求められるだろう。

Step 2

1. 社会資源の活用・連携が求められる背景と実際

社会資源の活用・連携が求められる背景の変化

昨今、働く女性が増え、特に低年齢児を対象とする保育所不足が都市部を中心に社会問題化した。その後、保育所の量的拡充(かくじゅう)施策が国によって展開され、都市部の一部を除き、待機児童問題については解消が進んだ。

その一方、少子化の進行で、人口減少地域を含む多くの地域では、核家族化や地域のつながりの希薄化(きはくか)等により、保育所を利用していない0～2歳児を中心とした小学校就学前の「未就学児」を養育する家庭が孤立し、地域で「孤育て」を強いられる状況が顕在化(けんざいか)してきている。

こうした「孤育て」家庭への支援にあたっては、地域での子育て支援策のさらなる充実が不可欠であるが、少子化によって生産年齢人口（働き手）が減少しており、支援の担い手の確保が課題となってきている。

そうしたなかで、保育所・保育士は在園児の保育と保護者支援が本来的な役割・業務といえるが、保育所の機能を多機能化して、「孤育て」家庭を含む地域の子育て家庭の支援の中核的な機関としての役割を担うことが期待されている。具体的には、地域住民に対する保育に関する情報提供や相談・助言等の実施のほか、地域の実情に応じた一時預かり事業の実施や子ども食堂の併設などである。ただ、こうした地域の子育て家庭のニーズへの対応は、保育所の保育士だけが担うのではなく、自治体や関係機関や地域住民といったさまざまな社会資源の活用や連携による対応が効果的であり、担い手の確保という点からも、その促進が不可欠である。

いずれにしても、今後の子育て家庭の支援においては、人口減少地域における保育のあり方を含めて、担い手の確保という点を視野に入れ、市区町村を中心にICT（情報通信技術）等の活用もしながら、多様な社会資源の活用・連携が求められる。

社会資源の利用支援の実際

さまざまな子育て支援策の展開によって、社会資源自体は増えてきている。しかし、その社会資源の利用しやすさ（アクセシビリティ）については、十分とはいえない部分がある。アクセシビリティの保障には、提供する側からの視点ではなく、利用する側からの視点で支援が行われることが重要である。**写真10－1**のように、インターネット（アプリ）を活用した情報提供は、利用者がいつでもどこでも自由に気軽に情報を得ることができるという点で効果的な支援の1つといえる。

この世田谷区のアプリでは、ＱＲコード等で簡単にダウンロードでき、子育て支援に関するあらゆる情報と、福祉以外の保健・医療に関する情報の提供もされているため、役所では複数の窓口にまたがるような内容を容易に得られる。また、子育てに関する施設はもちろん、公共施設に関する情報も含めて、位置情報（マップ・ルート検索）もあり、保育施設に関しては空き情報も得られるようになっている。さらに、緊急時の対応や災害時対応、イベント情報など、利用者側が求める情報が網羅（もうら）されているほか、設定をしておけば、ほしい時期にほしい情報が届くようなお知らせ機能もついているなど、利用者の立場に立った内容と機能が多い。

ただ、こうしたインターネット（アプリ）による情報提供がされたとしても、利用者本人（保護者等）の心理的・環境面にかかわる問題は解決するとはいえないことから、地域子ども・子育て支援事業では、そうした問題等への対応として利用者支援事業が実施された。この事業では、子どもや保護者等の身近なところで、子育て支援に関する情報提供や相談・助言等を必要に応じて行うとともに、関係機関との連携・調整等を行うもので、専任の職員（利用者支援専門員）が配置され、利用者の目線に立った寄り添い型の支援が行われることになっている。

つかってみよう『せたがや子育て応援アプリ』

アプリでは、妊娠期から就学前の子育て家庭を対象に、子育てに役立つ情報を提供します。

● 利用者設定をすれば、ほしい情報がほしい時期に届きます！
「利用者設定」でお子様の誕生日または出産予定日、お住まいの地域を登録すれば、健康診断・予防接種のお知らせやイベント開催情報等、アプリを開かなくても確認することができます。

● 子育て応援アプリでは、こんなことができます！

アプリは下記よりダウンロードできます。
もしくは、GooglePlay・AppStoreで「せたがや」「世田谷」で検索してください。
GooglePlay から
ダウンロード
AppStore から
ダウンロード

写真10-1 社会資源の情報提供例
（出典：世田谷区子ども・若者部子ども家庭課「せたがや子育て応援ブック」p.4, 2022）

このように、専任の利用者支援専門員が配置されることで、さまざまな子どもや子育てに関する情報や説明の仕方や内容に関するアカウンタビリティの問題の解消も期待できる。また、利用者支援専門員は来所による相談受付以外にも、積極的に地域に出向いて相談対応を行う機能（アウトリーチ）をもっており、地域の潜在的なニーズの把握にも対応可能となっている。

保育者の役割

利用者支援専門員による助言や利用支援があったとしても、子どもや保護者等に日々接しているのは保育者であることを考えると、保育者には子どもや保護者等のニーズや問題に気づき、相談に応じ、保護者等が多様な社会資源が活用できるような情報提供や相談・助言等の支援を行うことが求められる。そのためには、日ごろのちょっとした会話のなかから、ニーズや問題に気づく（引き出していく）ことが重要である。例えば「子どもの夜泣きが止まらない」といった母親の言葉や相談に、保育者の場合は子どものあやし方の例示など、すぐに解決につながりやすい専門性を活かした助言や対応等をすることも多いといえる。

そうした助言や対応は大切ではあるが、母親はそうした助言や対応以前に、育児に対する不安や疲れ、家族の協力のなさや相談する人もなく孤立していることなどの気持ちや状況を聞いてもらいたかったかもしれない。そうした不安感や大変さ、つらさに対するねぎらいや共感的な言葉等もないままに保育者から助言等があると、それが母親にとっては自分の子育ての至らなさの指摘や批判に聞こえてしまうこともある。さらに、言い方によっては、そのような指導的な助言が上から目線の言葉や態度に感じられ、保育者に対する否定的な感じや距離をおきたくなる気持ちにつながってしまうこともある。そうしたことから、先述のような母親からの言葉や相談に対しては、受容的な態度や共感的な言葉かけをしつつ、母親の言葉の奥にある気持ちやニーズや問題に気づき、対応することが保育者に求められる。

そうした受容・共感的な対応のなかで、母親が孤立しており、身近な相談者を求めていたり、息抜きをしたいということがわかった場合には、専門的な助言よりも地域の子育てサークルや広場等の地域の社会資源を紹介したりすることが有効であることも多い。さらに、親身な対応のなかで、母親のストレスや虐待の疑いのある状況や、子どもの発達の遅れに関する心配などが母親から言語化されることもあるといえる。そうした場合、ストレスの緩和に関しては、一時預かり事業などの紹介をしたり、虐待の疑いに関しては自治体や児童相談所などと連携を図るほか、発達の遅れなどについては指定障害児相談支援事業所などの地域の専門の機関等への紹介を行うなど、保育者がかかえ込まずに子どもと保護者の状況やニーズに応じた社会資源の活用を行うことが期待される。

2. 保育所等訪問支援の活用

先に述べたように、保育所は、人口減少地域も視野に入れつつ、地域の子育て支援の中核的機能を担っていくことが期待されている。そのなかで医療的ケア児をはじめとする障害児の受け入れ促進は、地域社会への参加・包容（インクルージョン）を進めるためにも、子どものころからともに育ち合う経験が重要であることからも、いっそう求められる。ただ、障害のある子どもの発達支援は、従来は施設や事業所への通所や入所という形で実施されてきたことからも、保育所等での受け入れの場合は、通常の保育とは異なる専門性が必要になる。そのため、保育所に対する支援として、障害のある子どもへの保育士の加配や巡回指導が行われてきた。

従来の巡回指導は、保育士に対して、それぞれの専門的な立場から助言を行うものである。そのなかで、保育所等訪問支援は、児童福祉法（第６条の２の２第６項）に基づく支援で、保護者の依頼に基づいて実施され、訪問支援員による保育士等への専門的な支援のほか、子どもに対する直接的な支援も行う事業で、上記のインクルージョンの推進にも則（のっと）った画期的な事業といえる。保育所等で障害のある子どもが集団生活に適応できるように、障害児支援に関する知識と経験をもつ訪問支援員が保育所に出向いて支援を行う、アウトリーチ型の発達支援事業である。

保育所等訪問支援は、保育所からの依頼ではなく、保護者からの依頼に基づく事業であることから、保護者との連携はもちろんのこと、サービスの利用にあたっては受給者証の取得が必要となるため、支給決定を行う自治体（市町村）や障害児支援利用計画を策定する相談支援事業所、その計画に基づいてサービスを提供するサービス事業者（サービス提供者は訪問支援員）との連携も不可欠である。保育所や保育士は、支援を実施する前のアセスメントの段階で、障害のある子どもの日常の様子に関する情報提供や関係者による事前の会議への参加・協力のほか、市町村によるサービスの支給決定後に開催されるサービス担当者会議への参加・協力やそれをふまえて作成される障害児一人ひとりの個別支援計画に基づく訪問支援員の支援への協力など、多様な連携や協力が求められる。特に、この事業は保育所等への適応を目的とするものであるため、保育士は連携にあたり、継続的に支援を続けることが前提ではなく、適応に向けた計画に基づく自立支援が必要なことに留意して、保育士としての専門性の発揮（はっき）が求められることになる。

Step 3

1. 地域に必要とされる保育者のあり方と専門性の向上

2017（平成29）年、「保育所保育指針」と同時に「幼稚園教育要領」と「幼保連携型認定こども園教育・保育要領」の３つの法令が改訂（定）された。この背景には、保育所、幼稚園、幼保連携型認定こども園の３つが幼児教育施設として位置づけられたことがある。そのため、保育者には幼児教育を行う施設として共有すべき事項としての「育みたい資質・能力」（３つの柱）と「幼児期の終わりまでに育ってほしい姿」（10の姿）を理解し、育んでいくことが求められることになった。こうしたことから、保育者には子どもへの教育的なかかわりが重視されるようになったといえる。

一方、保育所は現在国が推進している「地域包括ケアシステム」の一翼（いちよく）を担うことも期待されており、まさに地域の子育て支援拠点の１つとしての機能が果たせることが求められている。この点からは、すでにみてきたように、保育者がその専門性を活かしながら、地域の多様な社会資源や自治体・関連機関と連携や協力して、地域の保護者の支援を行っていくことがよりいっそう求められる。

このように、保育者には今まで以上に多様な対応ができるような専門性の向上が求められるようになってきているといえるが、保育所が地域に開かれた施設として、また地域に必要とされる保育所として存在意義を発揮（はっき）していくうえでは、保育所等の施設内での保育業務に絶えず地域の子育て支援の視点を取り入れ、保育士等がそれに積極的にかかわっていくことが重要である。例えば、保育所等の行事（夏祭りや運動会等）を地域に開放し、地域の保護者との交流の機会を設けたり、保育所内に保護者や地域住民も利用できるカフェを併設することで、保護者同士が気軽に交流して情報交換ができるようにするとともに、そうした機会や場で、保育者が地域の保護者等の相談にのり、助言や支援を行ったり、必要に応じて適切な社会資源や自治体・関連機関につなげていくことができるような専門性を高めていくことが求められる。

さらに、地域を意識した子育て支援として、近隣の小学校・中学校・高等学校の生徒が保育所等の乳幼児と触れ合ったり交流したりする機会をつくっていくことは、地域の子どもの健全育成や次世代育成支援にもつながるとともに、そこで数量や図形、文字などを活用した遊びや絵本や物語の読み聞かせなどを生徒と一緒に行うことなどで、はじめにふれた幼児教育施設として求められている学びにつなげていくことも可能ではないだろうか。

同様に、地域で農業を営んだり、芸術活動にかかわる仕事についている人など、多様な職業の人々を巻き込んだ企画で、子どもたちが農地での自然とのかかわりを通して、自然への愛情や畏敬（いけい）の念を生んだり、身近な動植物への関心を高めたりすることができるほか、芸術活動を通して豊かな感性と表現を育むなどの幼児教育施設として求められている内容につなげていくことも可能といえる。また、高齢者を含むさまざまな年齢層の住民と地域の子どもと保護者を巻き込んだ世代間交流の実施等を通して、子どもたちは自分が役に立つ体験ができ、保護者は子育ての知恵を得ることができるほか、親子で地域の伝統文化や習慣を地域住民と一緒に体験するなかで、地域からの孤立感を減らすこともできるといえる。

このように、地域にいるさまざまな人々の力を引き出し、多様に結びつけていくことで、子ども家庭の子育て支援につながるとともに、幼児教育施設として求められる機能の展開も可能となり、地域の活性化にもつながりうる。今後は、保育者が地域を意識して子育て支援をすることで、子どもへの教育的なかかわりが多様な形で実現するとともに、地域にも必要とされる保育所になっていくといえる。また、そうしたことができる保育者の専門性を重視するとともに、それを可能とする研修の充実とキャリアアップの道筋が求められる。

2. 災害時対応と地域の関係機関等との連携

近年、日本の各地で大規模な災害が起きている。今後もいつどこでどのような災害が起きないとも限らない。そうしたことから、災害の発生時に備えて施設・設備等の安全確保と緊急時の避難・安全確保体制づくりなどとともに、災害後の再開などを含めた事業継続計画（BCP）の作成が不可欠である。併せて、保護者等への連絡や子どもの引き渡しに関して、平時からの保護者等との情報共有が求められる。

また、災害時対応としては、日ごろから市町村の支援のもとに、地域の関係機関等との連携をとっておくことが重要である。具体的な連携先としては、消防、警察、医療機関、自治会などがあげられるが、そのほかにも、近隣の商店街や企業、集合住宅管理者等との連携も視野に入れておくことが望まれる。いざというときに、子どもたちの安全確保にあたって、近隣の住民や企業等からの協力は大きな力となる。併せて、被災をした際に救援を得られるように、事前に他県にある保育所等との連携をしておくことも有効といえる。

一方、災害時には保育所が住民の一時的な避難の受け入れ先になることもありえる。地域の防災計画をふまえて、各関係機関等と連絡をとりながら、避難訓練を行うなどの日ごろからの地域との協力関係の形成が不可欠である。

参考文献

- 全国児童発達支援協議会『厚生労働省平成28年度障害者総合福祉推進事業　保育所等訪問支援の効果的な実施を図るための手引書』2017.
- 厚生労働省編『保育所保育指針解説』フレーベル館，2018.
- 経済産業省『保育施設のための防災ハンドブック』2012.
- 内閣府・文部科学省・厚生労働省『幼保連携型認定こども園教育・保育要領解説』フレーベル館，2018.
- 日本地域福祉研究所監，中島修・菱沼幹男編『コミュニティソーシャルワークの理論と実践』中央法規出版，2015.

COLUMN　ストレングス視点と地域の資源の活用

ソーシャルワークでは、ストレングス視点の活用ということがいわれる。このストレングス視点は、子どもや子育て家庭への支援はもとより、地域の資源の活用においても有効といえる。

本講との関連でいえば、保育者がいかに地域の資源に目を向けるか、特に地域の強みに目を向けることができるかが非常に重要である。保育所では保育者不足など、人手が足りないこともあったりして、保育所内の業務で手いっぱいで、地域との交流や地域の保護者対応まで手が回らないということも聞く。

しかし、そうであればこそ、なおさら地域に目を向けることが大切といえる。地域には多様な力をもった人が多くいる。また、その地域の力は、専門性の高いものだけではない。保育所は生活の場であることから、地域の多様な人々の生活経験が活かせる場面が多くある。その意味で、多様で豊かな生活経験と生活技術をもつ高齢者や主婦などに、保育所でその力（強み）を活かしてもらうことや、障害のある人に清掃や得意なことをしてもらうことで、保育者が子どもの保育や養護に集中することが可能にもなる。

地域の多様な人々に目を向けて、その人のもつ力（強み）を活かしてもらうことは、保育所や保育者にとってありがたいことであるが、そうした多様な人々のなかで子どもが育つことは子どもの成長にとっても意義があり、さらにそうした活動に参加する高齢者や地域住民の自己実現や自己効力感を高めることにもつながるといえる。地域の保育所として、今後はますます多様な地域の資源との連携が行われることを期待したい。

（北本佳子）

第11講

子ども家庭支援の内容と対象

保育所保育指針では、「第４章　子育て支援」において、保育所は、保育所を利用している保護者に対する子育て支援、地域の保護者等に対する子育て支援を行うべきである、としている。では、子どもや保護者への支援を行う際に、どのような方法で、そしてどのような点に留意しながら支援を行うべきだろうか。本講では、子ども家庭支援の具体的な対象、内容とアプローチの方法について理解を深める。

Step 1

さまざまな子ども家庭支援の対象・アプローチ・内容

子ども家庭支援の対象は、その生活状況によってさまざまな対象者として分類することができる。基準の１つとして、子どもや保護者と子育て関連機関との接点による分類がある。具体的には、①保育所等を利用する子どもとその家庭、②（日々の定期的な接点が少ない／ない）地域の子どもとその家庭、そして③要保護児童等およびその家庭、といった分類である。保育者は子どもとその家庭に対し、多様なアプローチを通じて相談・助言や具体的支援、心理的支援や間接的支援などさまざまな内容の支援を、子どもや保護者の状況に応じて行っていく（**図表11-１**）。

それぞれの子どもとその家庭に対する支援については次講以降で詳しく学ぶが、どの対象者であれ、子どもや保護者がおかれている状況を理解したうえで、その状況で最も有効だと思われるアプローチや内容の支援を行うことが求められる。ゆえに、それぞれの子どもや家庭の特性、そして具体的にはどのようなアプローチがあ

図表11-1　子ども家庭支援の対象・アプローチ・内容

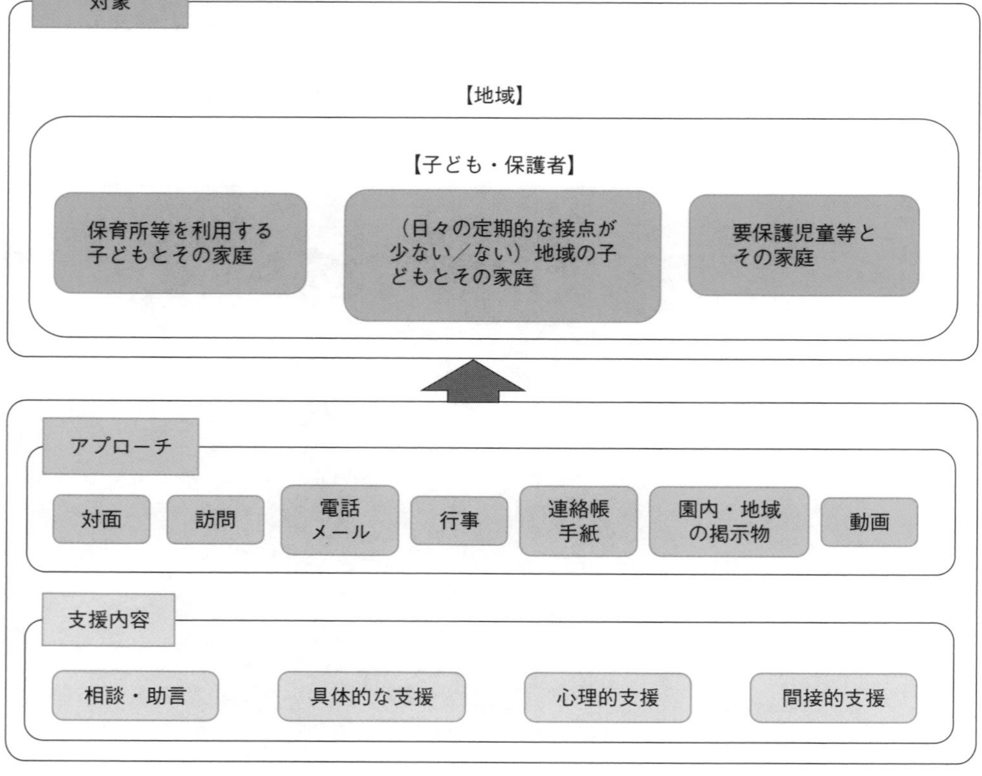

るのかを理解することが重要となる。

保育所等を利用する子どもとその家庭への支援

「保育所等」とは、保育所や幼稚園、認定こども園といった、基本的に毎日子どもが通う機関があてはまる。これらを利用する子どもは人数も多く、幅広い年齢層や環境の子ども家庭が含まれる。また、障害をかかえる子どもや家族が定期的に利用する児童発達支援センターや障害児施設など、より福祉的な支援を提供する子ども家庭支援機関も含まれる。

これらの機関の特徴は、子どもや保護者が定期的、継続的に保育者と接点をもつ点である。子どもや保護者と保育所や幼稚園等の関係は、数年以上にわたり、きょうだいも同じ保育所や幼稚園を利用することも多い。子どもや家庭と保育所等の機関との関係が長期にわたることも少なくない。そのなかで、保育者がその家庭の家族構成や保護者の仕事の様子など、生活状況について詳しく知っていくこともある。長いつきあいのなかで、子どものこと以外の話をする関係になることもよくあることだ。

こうした持続的な関係は、相談援助における重要な要素であるラポール、つまり信頼関係を築(きず)きやすい。また、毎日子どもや保護者と顔を合わせるため、気づいたことをすぐに伝えることができる。子どもや家庭の状況の変化も把握(はあく)しやすく、支援を継続的に行うことができるため、関係機関に保護者をつなぐような支援もしやすいといえる。子どもの育ちや保護者の子育てを継続的に支える関係を形成できるという点でも、保育者が果たす役割は大きい。

児童発達支援センターや障害児施設も、子どもや保護者と継続的な関係を形成できることが多い。心身の発達に課題をかかえる子どもの場合、時間の推移のなかで利用する機関を変更したり、調整したりすることもある。そのため、子どもや保護者と安定した関係を築きながら、地域の保育所や幼稚園、小学校、そして医療、福祉関係機関と適切なかたちで連携していくことが求められる。

地域に暮らす子どもとその家庭への支援

地域には、保育所以外の子育て支援機関を利用している、あるいは保育所を申し込んだが空きがなく、待機児童の状態の子ども家庭もある。子どもを出産して間もない時期で、保育所や幼稚園の利用には至っておらず、特定の子育て関連機関とのつながりをもたない子ども家庭も多くいる。こうした子どもや保護者は、児童館、地域子育て広場、保育所や幼稚園で行う園庭開放などを利用していることもあれば、これらの機関との接点をもたず、子どもと保護者だけで日々を過ごしているケースもある。そうした子どもや保護者は、家族以外の人や専門職と接する機会が少なくなりがちである。日常的に保育者と会話し、ちょっと気になったことを話すことができるような人がいない点において、彼らがかかえるニーズは、保育所や幼稚園などを利用する子どもや保護者とは異なる。地域のなかで母子密着状態となる親子もいれば、児童館や地域子育て広場を保育所の代替として毎日利用する、といった子ども家庭と出会うこともある。

児童館や地域子育て広場でも、こうした子ども家庭に対し、子どもの育ちや子育てに関するさまざまな相談を受けたり、支援を提供したりすることがある。その内容は、日常的な生活でのちょっとしたアドバイス、例えば離乳食の内容、日焼け止めの選び方からしつけの方法、例えばいわゆるイヤイヤ期や食べ物の好き嫌いへの対応に関すること、そして「子どもがかわいく思えない」など子育てにかかわることであったりする。そして「夫婦でしつけの意見が異なる」「祖父母の介護が必要になった」など、家族に関することに話が及ぶこともある。もちろん、こうした悩みは保育所等を利用する子どもや家族にもみられることである。ただ、ふだん定期的に保育者などと顔を合わせ、家族のことも理解してもらっている関係にはない子どもや保護者にとっては、ささいなことを雑談するような雰囲気で共有できる場があることは、大きな意味をもつ。

地域の子育て広場や児童館は、子ども家庭の生活の状況次第で利用をやめることもできるため、定期的、そして継続的な関係をつくるのが難しいこともある。保育者は、自由に出入りできる子育て支援機関ゆえの距離感のなかで、子どもや保護者とのつながりをもちつつ、必要に応じてほかの機関や地域の保育所を紹介することも重要である。

子育てひろばや児童館を利用する子どもとその家庭は、毎日保育者と顔を合わせるわけではなく、通常は個人票や他機関からの引き継ぎ資料もほぼないため、保育者も実際にはどのような家族構成なのか、子どもの発達上の課題は何なのかといったことを理解するのが難しいこともある。児童虐待などの養育問題をかかえる家族のなかには、引っ越しや転居により地域ではサポートを得ることができる人とのつながりにとぼしく、支援者側でも情報がうまく共有されない結果、支援が遅れる、といったことがある。保育所等を利用していない家族については、地域の子育て関連機関がどのように情報を把握し、支援ネットワークとのつながりを育てていくかが重要となる。

要保護児童等およびその家庭への支援

要保護児童等が利用する児童福祉施設としては、乳児院、児童養護施設、母子生活支援施設、児童心理治療施設などがある。これらの施設で子どもや保護者への支援を行う場合、保育者は子どもとは衣食住を含めた日常生活をともに過ごす機会があるため、密接な関係を築くことができる。保育所等の機関、そして地域に暮らしつつ特定の機関との接点をもたない子どもたちとのかかわりでは把握することがない、子どもの身体的、精神的、そして学習面での発達や性格を理解し、個々の特性や家庭状況に応じた支援を行うことができる。

一方で、これらの施設に入所する子どもたちは、入所前での不安定な生活、家族や育ってきた場所からの分離、施設での新しい生活などを経験することで、さまざまなストレスや心の傷を経験していることが多い。そのため、こうした子どもたちには、虐待やネグレクトによる傷つきに対するケア、対人関係を構築するうえで必要となるアタッチメント（愛着）形成を行うための日々のかかわり、そして学習支援など、幅広い支援が求められる。

要保護児童等の保護者との関係も、保育所等、そして地域で暮らす子ども家庭とは異なる。保護者のなかには、子育ての知識や技術にとぼしかったり、精神疾患（しっかん）をかかえていたり、経済的な問題をかかえていたりする人もいる。そのため、保護者の身体的、経済的、そして社会的な状況について児童相談所と連携しながら必要な情報を把握することが重要となる。保育者は、家庭の情報を把握し評価、つまりアセスメントを行い、自立支援計画をふまえながら児童福祉施設での支援を行うことが求められる。

子どもが児童福祉施設に入所している保護者は、必ずしも安定した関係を構築できるような頻度（ひんど）で保育者と顔を合わせるわけではない。また、子どもが施設に入所する際に、「親としての能力を否定された」という思いを抱く保護者もいる。そのため、保育者に対する親の複雑な心情を汲（く）み取（と）り、例えば子どもの面会や帰宅を行う頻度（ひんど）が少ない保護者であっても、批判的な目線や態度をもたないなど、よい関係を構築できるよう意識することが必要となる。

Step 2

1. 子ども家庭支援のアプローチ

子どもとその家庭への支援は、さまざまな形態（アプローチ）を通じて行われる。対面でのコミュニケーションだけではなく、電話やメール、連絡帳でのやりとり、そして園だよりや掲示物も、子ども家庭へのアプローチの方法である。

こうしたさまざまなアプローチは、それぞれ長所と短所がある。例えば対面での面接は、相手の話をより深く理解できることもあれば、メールは手軽ですぐに活用しやすいということもある。大切なのは、その子どもとその家庭の状況、かかえている課題の内容を考慮した際に、それが最適な方法かどうかである。例えば、次のような家族について考えてほしい。

・両親は遠方におり、今住んでいるのは自分たちが生まれ育った町ではないため、知人はほとんどいない。現在は保育所の空きが出るのを待っている。母親は、子どもの育て方に自信がなく、いつも不安でイライラしてしまう。子どもの父親は、気になりつつもなかなか子育てにかかわる時間をとることができていない。
・子どもを乳児院に預けて働いているシングルマザー。子どもに会いたいという気持ちはあるが、時間が不規則な仕事に長時間従事している様子が見受けられる。

このような家族にあなたが出会ったとしたら、どのような形でアプローチするだろうか。おそらく、この２つの家族に対して同じアプローチが最適であるとは考えないだろう。家族の生活状況が違うのであれば、保育者もその状況に応じてアプローチの方法を変える必要がある。どのようなかかわりをとることが、子どもや家族にとって負担が少なく、そしてよいコミュニケーションをとることができるかを考えることは、支援の際にはとても重要である。

こうした家族の生活状況に加えて、話の内容、保護者の性格的な側面、子どもや家族がその問題をどうとらえているかなど、さまざまな要素を検討しながら、その子どもとその家庭に対して最も適切だと思われるアプローチを選択することが求められる。

2. さまざまなアプローチ

ここでは、①対面、②訪問、③自由参加の場、④電話・メール・アプリ、⑤連絡帳・手紙、⑥園だより、園内や地域での掲示物、⑦動画などといった形態による支援の方法を理解する。

対面

対面でのアプローチの場合、保育者が対面でかかわるのは子どもあるいは保護者で、多くの場合は母親となるだろう。ときには、両親が同席することもあれば、祖父母との面談もあるかもしれない。また、児童福祉施設に入所している子どもや家族との面談、そして子どもの発達上の課題についてはじめて保護者に話をするといった、緊張や不安を与えるかもしれない面談もある。面談をする側も、こうした個別的な状況に応じて、ときには保育者に加えてその機関の責任者、例えば主任や園長・副園長が同席することもある。

直接顔を合わせて話すことは、相談援助を行ううえでメリットが多い。お互いに感じていることや、表情や雰囲気を共有することができるし、その結果、率直な話もしやすくなる。ただ、保護者のなかには、面談の時間をとることが困難な状況にある人もいる。「一度お話ししませんか」という声かけをする際には、子どもや保護者の生活時間なども配慮しながら行う必要がある。また、面談を行う際には、プライバシーに配慮した場所を準備することが重要である。

訪問

頻度(ひんど)は多くはないものの、保育者が家庭に訪問した際に相談支援を行うこともある。例としては、保育所や幼稚園の担任による家庭訪問があげられる。また、地域に保護を必要とする児童がいるとの情報が寄せられた場合、児童相談所の職員が家庭におもむくこともある。事前に家族と会う約束をしている場合が多いが、ときには十分に連絡を取り合うことができない状況で訪問することもまれにある。

訪問のメリットは、子どもや家族がわざわざ外部に出向く必要がない点、そして子どもが暮らす生活の雰囲気をつかむことができる点である。自宅の様子や生活する地域の様子にふれることで、保育所やその他の機関で話をするだけでは把握(はあく)できない情報を得ることができる。

ただ、保育者や児童福祉施設の職員が自宅に来ることは、保護者にとっては気軽な面談という感覚でとらえることが難しいこともある。そのため保育者は、できる限り事前に訪問の意図を伝え、訪問した際も保護者が身構えたり、不安になったりすることがないよう、気軽に話せるような雰囲気をつくることが求められる。

自由参加の場

子どもの保護者が自由意思で参加する地域子育てひろばや児童館は、保育者が子どもや保護者に気軽にアプローチできる場でもある。児童館や地域子育てひろばでは、保育者は子どもや保護者が自由に楽しく過ごせるように配慮しつつ、目が届くような距離感で見守りをすることも多い。納涼祭や音楽会など単発のイベントを行った際には、参加した子どもや家族に声をかけて楽しめるようかかわったり、その日の感想を聞いたりすることでコミュニケーションをとることができる。

子育てひろばや児童館を利用する子どもや家族のなかには、保育所等のように、安定して持続的に通う子育て支援関連機関をもたないことで、子どもや親同士のネットワークがなく、ストレスをかかえていることがある。保育者は、子どもに声をかけたり、保護者と雑談したりするなどによってなごやかな関係を築(きず)くことで、何かあったときに相談場所として思い起こしてもらえるような状況をつくることができるだろう。また、行事の終わりに行う参加者アンケートでの回答によっても、子どもや保護者の状況、悩みをうかがい知ることができる。こうしたアンケートも、援助のツールの１つとして活用するとよいだろう。

電話・メール・アプリ

電話やメール、アプリは手軽に使うことができる方法で、すでに多くの保育所等で使われている。近年は保護者へのいっせいメールや子育て支援機関を利用する保護者向けのアプリを活用して情報を発信する保育所もあり、手軽にコミュニケーションをとりやすくなっている。こうした手軽さがコミュニケーションツールとして有効である一方、相手の顔が見えないという弱点もある。事務的な連絡、例えば「子どもの体調不良により保育所を休ませる」という連絡を保護者がしてきた際に、表情や声の雰囲気から実際の状況を把握(はあく)することが難しいこともある。

メールや電話でのやりとりの際には、「心配ですね」「何かあれば声をかけてくださいね」といった一言を付け加えることで、悩みをかかえた保護者が「今度直接話をしてみようかな」という気持ちになることもある。また、地域の子どもや家族が児童館や子育て広場でのイベントの問い合わせをしてくる際には「自分が想像するような雰囲気の場所だろうか」など、不安をかかえていることもある。温かく受容的な会話をすることで、顔を合わせた際にいろいろな話を共有するような関係を形成することができる。

連絡帳・手紙

保護者への支援として活用できるのが、連絡帳や配布物、手紙である。保護者が書く連絡帳の文章には、家族の日々の様子、親が感じた子どもの成長や関連する悩みが行間に見え隠れすることも少なくない。保育者は、子どもの保育所その他の機関での様子や育ちについて伝えることに加えて、保護者の思いを読み取り、その思いに気づいていることを示すような一言を連絡帳に書くことも有効である。

多くの保護者は「今日は保育所で頑張っていたって先生が書いてくれてたよ」「今日は公園に行ったんだね」など、連絡帳や手紙に書かれていることについて家で子どもと会話することも多い。連絡帳は、書いたり読んだりするのは保護者だが、連絡帳に書かれていたことについて親子で話すことにより、子どもにも保育者のまなざしが伝わることもある。そうして、子どもが「保育所の先生は自分を見てくれている」といった喜びや安心感を感じることにもつながる。その意味では、連絡帳や配布物は保護者への支援だけではなく、子どもへの支援にもなりうるといえる。

園だより、園内や地域での掲示物

子どもや家族への支援は、保育所その他の機関を利用している子どもとその家庭全体に配布される園だより、保育所や施設内の掲示板、そして地域の掲示板への掲示物によっても行うことができる。保育所での取り組み、子育て家庭が参加できるイベントの情報、子育てに悩んだ場合の相談先の情報などを園だよりや掲示物に示すことで、子どもや保護者が支援機関とつながることもある。なかには、自分が日常的にかかわっている保育所や機関とは別の場所で相談をしたい、という保護者もいる。さまざまなニーズがあることをふまえ、多様な選択ができるように情報を提供することも重要な支援となる。

園だよりや掲示物は、個別にかかわる方法に比べれば個々の課題に直接対応しづらい面もある。しかし、ある保護者がかかえていた悩みについてのアドバイスを掲示物で示すことで、自分の悩みのヒントを得たり、「自分だけではないのだな」と思ったりして、気が楽になるということもある。

動画

以前から、子育て支援施設での実践の動画をホームページで公開するケースはあったが、コロナ禍による施設の利用制限に対する代替(だいたい)支援として、動画を活用する場面が増えている。保育者が遊びなどの動画を作成するケース、子どもたちの活動を共有するケースなど方法はさまざまだが、保護者が子育てのヒントとして活用できるものとなっている。動画は、リアルな情報を共有できる一方、個人情報の漏洩(ろうえい)には細心の注意を払う必要がある。保護者の意向も確認したうえで配信するなどの配慮が求められる。

Step 3

ソーシャルワークを活用した子ども家庭支援

近年、子どもとその家庭の個々の生活状況はさらに多様化している。保護者の年齢層が幅広くなっていることに加え、ひとり親家庭、心身の状態に支援を要する保護者、長時間の就労に従事する保護者など、さまざまな家族と出会う。子どもの場合、診断には至らないものの発達課題をかかえる子ども、医療的ケアを必要とする子ども、そしてさまざまな養育環境を経験している子どももいる。多様な子どもや保護者に対して支援を行う際には、ソーシャルワークを活用することが求められる。例えば、連絡帳を書く際には、全体での活動を報告するのではなく、その子どもの様子や保護者の生活背景を把握（はあく）し、友人や家族などのインフォーマルなネットワーク、そして保育・教育・福祉関係機関などのフォーマルなネットワークとのつながりを把握、つまりアセスメントをしっかり行ったうえで、環境とかかえている悩みや困難をとらえる、といったことになる。

相手が子どもであれ大人であれ、ソーシャルワークの基本である受容的、共感的態度を基盤にしたかかわりが重要である。子どもの場合、まずは本人の言い分をしっかり聴いたうえで「もしこういうことがあったら、○○くんはどう感じるかな？」など、投げかけを行うようなコミュニケーションをとることで、子どものなかにある心情を引き出すようなかかわりを行うこともあるだろう。

実際には、多くの相談者は「すでに答えはわかっているが、もう一歩踏み出すための確認や背中を押してもらいたい」という思いで語ることもある。保護者の場合も、保育者自身の経験や知識を一方的に伝えるのは適切な相談援助ではない。子どもの保護者の言葉の裏にある感情も理解しようと努めながらかかわっていくことが求められる。

こうしたソーシャルワークに加え、ときには教育的な支援、また心理的支援を活用した支援も求められる。そこで、教育的、心理的な支援のポイントをあげておく。

教育的な子育て・子育ちの支援

保育所をはじめとするさまざまな機関では、しつけを十分経験せずに育ってきた子どももいれば、子育ての方法や発達課題をかかえた子どもに関する理解を深める機会がないままに子育てをしている保護者と出会うこともある。インターネットでの情報など、子育てに関する情報が豊富にあっても、保護者が自分にとって必要な情報を選択できる環境にあるとは限らない。保育者は、子育ての方法へのアドバイスや、その家族にとって最も有用だと思われる情報の提供を行いつつ、保護者がアドバイスを得ることで問題解決力を蓄積できるよう、保護者に対し教育的なかかわりをすることも重要である。

教育的な支援とは、必ずしも個別的な支援を通じて行うものばかりではない。保育所で行う虫歯予防の講座、発達に関する講座など、保育所が主催する行事もある。また、保護者が吐露(とろ)したちょっとした悩みについては、連絡ノートでアドバイスをするといった形も活用すると、支援の幅が広がるだろう。

心理的支援

子どもや保護者等に対しては、相談・助言を行うなかで、あるいは別の場面で心理的な支援を行うことが求められることがある。例えば子どもの場合、弟や妹の出産により親の自分に対する愛情が少なくなったと感じたり、親が仕事で忙しいなかでかかわる時間が少なくなり、情緒(じょうちょ)不安定になったりすることがある。こうしたときに、子どもや保護者に対し指導的なかかわりをするのではなく、不安やさびしさへのケアなど、心理面へのサポートを意図(いと)した、受容的なかかわりが重要となることもある。また、発達の課題や障害をかかえる子どもにとっては、集団での活動がときにストレスの高いものとなり、行動が不安定になったりすることもある。こうした場面でも、心理的な不安やストレスと行動のつながりを考察しながらかかわることが求められる。

保護者に対する心理的支援については、子育てに不安をかかえていたり、自分の子育てがうまくいっていると感じることができずに自責的になる保護者がいる。こうした際には、心理的なストレスの軽減をより意識し、まずは受容、共感的にかかわり、自己肯定感をもつことができるような支援を行うこととなる。

乳児院、児童養護施設や児童心理治療施設では、虐待(ぎゃくたい)を経験した子どもに対してより専門的な心理的支援も行われる。こうした心理的支援を専門家が行う場合、保育者は専門職との連携、協働を行うことが求められる。日々の生活を把握している立場として、子どもや家族について感じている課題やストレングス(強み)、家族や学校での状況などを共有し、心理的治療の内容や心理的支援の専門家からの報告・助言を日々の支援に活かすことが重要である。

参考文献

●南野奈津子編著『いっしょに考える外国人支援』明石書店，2020.

COLUMN 多文化背景をもつ家庭への支援

日本への移住家族の増加もみられるなかで、外国にルーツをもち、文化背景が異なる子どもや保護者が、保育所や幼稚園、児童養護施設などの児童福祉施設を利用することは珍しくない。子育ては、保護者のそれまでの人生の経験を活かしつつ、生活する社会の文化に適応するような行動が求められることが多い。彼らは日本の子育て文化、保育所や幼稚園での教育方法などになじみがなく、また日本語も十分に読むことができないため、悩みをかかえることも報告されている（南野, 2020）。筆者が以前かかわった保護者は、保育所のプリントに書かれている言葉の意味がわからず、「スマートフォンで写真をとっては友人に送り、説明を受けた」と話していた。

生活文化が異なることは子育てのとまどいにつながることも多いであろうことは、想像に難（かた）くない。私たちは「夫が日本人ならいろいろ教えてもらえる人がいるのだろう」「普段の会話はできているから書類も読むことができるだろう」と考えてしまうことがあるが、必ずしもそうとは限らないのも事実である。保育者は、多文化背景をもつ子どもや家庭に対しては有効だと思われるアプローチが当事者に届きやすいものとなっているかを意識しつつ、連絡帳に振り仮名や母国語を使用する、日本の保育所の習慣を伝えながら困りごとを聞き取るなど、言葉や文化の壁に配慮した支援を行うことが求められる。

最近は、通訳や支援員の配置、翻訳機の活用も行われるようになりつつある。こうした取り組みによるコミュニケーションの促進も、今後ますます求められるだろう。

（南野奈津子）

第12講

保育所等を利用する子どもの家庭への支援

本講では、保育にたずさわる専門職に求められる子どもの家庭への支援について、昨今その必要性が強調されている保育ソーシャルワークの視点から学ぶ。まず、「児童福祉法」「保育所保育指針」等の改正や「地域共生社会」の実現に向けた政策的背景と保育所等の相談支援機能との関連を解説する。次に、支援を必要とするさまざまな生活課題を検討し、支援の中核となる多機関・多職種との連携を学ぶ。最後に、事例を用いて具体的な支援のあり方を学ぶ。

Step 1

1. 保育所等が行う子ども家庭支援への期待

高度経済成長後の日本の社会・経済は、子どもと家庭にさまざまな影響をもたらした。伝統的な三世代家族から夫婦を単位とする核家族化の進行と同時に、家族の「変容」と「多様化」が指摘されている。地域住民の相互扶助（ふじょ）機能、世代間によって受け継がれてきた子どもを育てる文化の伝承が、自然で当たり前の営為（えいい）として期待できない現実は、地域社会や近隣から孤立した家族のなかに、閉鎖的な子育て環境が生み出されていくことを意味している。さらに、今日の日本社会は、社会経済的な仕組みの改変により格差や貧困が蔓延（まんえん）し、そのしわ寄せが、家庭と社会的弱者である子どもたちに蓄積する構造を作り出している。

子どもの貧困、子ども虐待（ぎゃくたい）、子どもの社会的不適応事例は、問題を予防的に食い止める子どもと家庭に対する支援の手立ての不足とともに、増加の一途をたどってきた。特に、近年の子どもの貧困や虐待など、子どもと家庭を取り巻く環境は厳しさを増し、国家的な課題になっている。

厚生労働省はこれらへの対応を急務ととらえ、2015（平成27）年に「新たな子ども家庭福祉のあり方に関する専門委員会」を立ち上げた。そこでは、「児童福祉法の抜本的改革」を視野に入れて、児童福祉法の理念に子どもの権利を明確に位置づけること、家庭支援を理念に位置づけること、そのための児童相談所と市町村の基盤を強化すること、実家族と離れて暮らす子どもへの適切なケアなどを提言し、子ども家庭福祉支援体制の再構築に取りかかった。そして、2017（平成29）年に「改正児童福祉法」が施行され、「幼稚園教育要領」「保育所保育指針」「幼保連携型認定こども園教育・保育要領」の３法令が改訂（定）された。さらに国は、育児、介護、障害、貧困、育児と介護に同時に直面する家庭など、世帯全体の複合化・複雑化した課題を包括的に受け止める総合的な相談支援体制づくりを支援し、推進することを目的に、いわゆる「『我が事・丸ごと』の地域づくり推進事業」を進めている。そして、2022（令和４）年には、児童福祉法等の一部改正が行われた（2024（令和６）年４月施行）。

保育所や認定こども園、幼稚園（以下、保育所等）は、数多くの子どもと親、さまざまな事情をもった家庭に最も密接にかかわりをもつ専門機関である。そういった立場にある機関が、今後、子どもの家庭への支援にどのように取り組むべきなのだろうか。保育所等に求められている相談支援機能を、一連の制度改正等の政策的背景との関連から述べていく。

2. 改正児童福祉法と子ども家庭支援

1989年に国連が採択した児童の権利に関する条約は、子どもを「保護の対象」から「権利の主体」としてとらえ、子どもの最善の利益の考慮、親との分離の禁止、自己の意見を表明する権利、親の子育てを支援する国の責務などを定めた国際基準である。わが国では1994（平成6）年に批准（ひじゅん）したものの、児童福祉法にこの条約の理念・精神を盛り込む具体的な対応を取らずにいた。

2016（平成28）年の改正児童福祉法は、1947（昭和22）年に施行されて以来の大改正であった。第1条では、児童の権利に関する条約の精神に則（のっと）ることが謳（うた）われた。第3条の2では、児童のみならず保護者を支援することが国や地方公共団体の義務であることを明確にし、家族分離を防ぐために保護者（家族）を支援すること、すべての子どもを養子縁組、里親を含む「家庭」で育てるという新しい「家庭養護原則」を明記した。すなわち、2016（平成28）年改正法は、あらためて、子どもが適切な養育を受け、成長・発達・自立等を保障される権利を体現する基盤が「家庭」であることを明確にし、「家庭」がそうあるための環境づくりと、さらに、問題解決の機能の充実を社会の役割として求めたものである。その具体的方策として、2004（平成16）年に児童福祉法に位置づけられた「要保護児童対策地域協議会」（要対協）に、児童福祉の専門職を配置することを市町村の義務とした。

2022（令和4）年には、新たに児童福祉法が改正された（2024（令和6）年4月施行）。児童虐待の相談対応件数の増加など、子育てに困難をかかえる世帯がこれまで以上に顕在（けんざい）している状況等をふまえ、子育て世帯に対する包括的な支援のための体制強化等を行うことが改正趣旨である。そこでは、児童自立生活援助事業にかかわる年齢上限の緩和、市区町村の子ども家庭支援の機能を統合した「こども家庭センター」の設置、困難をかかえる妊産婦等への支援事業の創設、一時保護開始の判断に際しての司法審査の導入、子どもの意見を措置基準等に反映させる意見表明等支援事業などが盛り込まれている。さらに、これらの支援を担う子ども家庭福祉の実務者の専門性の向上を目的に、児童福祉司の新たな任用要件が検討される。

2016（平成28）年改正と2022（令和4）年改正に共通することは、子どもの権利擁護（けんりようご）と、生活拠点である地域で「家庭」を支援することにある。子どもと家庭の「暮らし」に直接的にかかわりをもつ保育所等の実践現場の役割がいっそう期待されることになろう。すると、保育所等には、子どもと家庭の支援に際して、「問題発見機能」「代弁機能」、多専門職間での「連携機能」といったソーシャルワークの視点をふまえた相談支援の充実が求められることになる。

3. 改定保育所保育指針と子ども家庭支援

保育所保育指針は、1965（昭和40）年に保育所における保育内容の基本原則として制定されたものであり、保育所における保育水準を保持するために、各保育所が行うべき保育の内容等に関する全国共通の枠組みとして、保育の基本的事項を定めたものである。

そこでは、保育所における保護者に対する支援の基本として、①子どもの最善の利益を考慮し、子どもの福祉を重視すること、②保護者とともに、子どもの成長の喜びを共有すること、③保育に関する知識や技術などの保育士の専門性や、子どもの集団が常に存在する環境など、保育所の特性を活かすこと、④一人ひとりの保護者の状況をふまえ、子どもと保護者の安定した関係に配慮して、保護者の養育力の向上に資するよう、適切に支援すること、⑤子育て等に関する相談や助言にあたっては、保護者の気持ちを受け止め、相互の信頼関係を基本に、保護者一人ひとりの自己決定を尊重（そんちょう）すること、⑥子どもの利益に反しない限りにおいて、保護者や子どものプライバシーの保護、知り得た事柄の秘密保持に留意（りゅうい）すること、⑦地域の子育て支援に関する資源を積極的に活用するとともに、子育て支援に関する地域の関係機関、団体等との連携および協力を図ることが明記されている。

2017（平成29）年、「保育所保育指針」とともに「幼稚園教育要領」「幼保連携型認定こども園教育・保育要領」の３法令が同時改定された。なかでも、「保育所保育指針」は約10年ぶりに改定され、保育所保育は家庭で行う保育とは違い、独自の専門性を用いて、保育士が直接的、間接的なかかわりをもつことの原則が盛り込まれた。保育所は、親から子どもを預かってその帰りを待つための施設から、子どもの成長過程を見すえ、専門的なかかわりと教育を提供する施設へと発展することが期待されている。

家庭への支援という機能は、「保護者の支援・指導」として保育士の専門性に位置づけられている。これは、以前から保育士の仕事と理解されてきた内容である。しかし、多様で複雑な生活課題をかかえ、家庭での養育が難しいケースに対して、一園の限られた保育士だけでの対応には限界があることは経験的にも明らかである。そのため、他の支援機関や専門家との連携の必要が強調されてきたが、保育士の専門的なかかわりとして地域包括支援への視点とそれをどう具現化し広げていくかは、古くも新しい課題である。このように、他職種と連携・協働すること、家庭の暮らしの場面を視野に入れた支援が求められている。

4.「我が事・丸ごと」の地域づくりと子ども家庭支援

少子高齢化の進展、地域社会や家族の変化等を背景に、地域における課題が多様化、複雑化するなか、2015（平成27）年に厚生労働省が公表した「新たな時代に対応した福祉の提供ビジョン」により、全世代・全対象型の地域包括支援体制の構築が打ち出された。2016（平成28）年からは、このビジョンをふまえたモデル事業として「多機関の協働による包括的支援体制構築事業」が開始された。さらに、同年に閣議決定された「ニッポン一億総活躍プラン」において「地域共生社会の実現」が提唱され、厚生労働省に「我が事・丸ごと」地域共生社会実現本部が設けられた。そして、複合化した課題をかかえる個人や世帯に対する支援や「制度の狭間」の問題など、既存の制度による解決が困難な課題の解決を図るため、地域住民による支え合いと公的支援が連動した包括的な支援体制の構築を企図（きと）して、2017（平成29）年に社会福祉法が改正された。

「我が事・丸ごと」の「我が事」とは、人々が直面している困難を我が事として受け止めて行動できる住民を増やし、解決につなげようというものである。

「丸ごと」とは、人々が直面している困難を受け止める側の体制を指す。年齢や障害の有無で縦割りになった制度の狭間に困りごとが放置されないよう、困りごとをワンストップで受け止め、さらに、相談機関同士の連携強化をめざすとされている。そのための現実的な制度改革も進んでおり、同一機関で高齢者介護、障害者福祉、子育て支援等の複数分野の支援を総合的に提供する場合の人員配置基準、設備基準等の規制緩和（かんわ）が進んでいる。また、社会福祉士等の福祉系国家資格をもつ者への保育士養成課程・保育士試験科目の一部免除が行われることになった。

これらの制度改正が求めていることは、社会福祉サービス実施機関に対するサービス提供体制の変更である。すなわち、育児と介護の問題を同時にかかえる（ダブルケア）人からの相談を子育て支援機関と介護サービス事業所が縦割りにバラバラに受けるのではなく、保育所等においてもワンストップで相談を受け止めることが求められている。しかし、保育所等に限らず、社会福祉機関は、法律を根拠とした第一義的な機能を発揮（はっき）することが求められており、多岐にわたる相談すべてに対応できるわけではない。ワンストップの相談とは、相談をたらい回しにすることなく、必要な支援に「つなぐ」機能である。すると、子どもと家庭を支援する保育専門職にも他支援領域の基礎知識や多機関・多職種・地域住民と連携した実践が、新たな専門性として求められている。

Step 2

1. 家庭がかかえる生活課題と保育所等の役割

多様化する生活課題と子ども家庭支援

今日の日本社会は、雇用状況等の社会経済システムの改変によって格差や貧困が蔓延し、問題を多様化・複雑化させていると同時に、そのしわ寄せを家庭と社会的弱者である子どもたちに蓄積する構造をつくり出している。さらに、家族機能の低下を背景として、育児不安といった生活上の困難を多くの親がかかえている。そして、このような社会構造的に生み出される問題に加えて、発達障害のある子ども、医療的ケアを必要とする子ども、児童虐待、障害や病気のために子どもの養育が困難な家庭、ひとり親の家庭、生活困窮家庭等にさまざまな生活課題が顕在している。すなわち、子育ての困難だけが単独で存在するのではなく、それは生活課題の一部として複合的に表出する場合が多い。

さらに、家庭を「困難」にしている生活課題そのものが、さまざまな要因が複雑に絡み合って表出されるため、それらが他の交互作用に影響を与え、さらに新たな要因を生み出すといった負のスパイラルに陥ることも多い。そのような状況下では、家族が自分たちの「困難」を「困難」として感知できないという事態も生じやすく、家族の自助でそのことに気づくこと、その要因を解決させることは極めて難しい。

子ども家庭支援の相談は、これまで、生活課題や自らの家族の機能不全などに自覚的で自ら相談機関に足を運ぶ利用者を対象としてきたが、虐待やいじめ、貧困等の顕在とともに、保育所等の利用者であっても被相談者が第三者で、当事者からは相談そのものがなされないという事例も増えている。また、多くの問題をかかえていながら支援を求めない家庭のニーズは地域に多く潜在している。

このような状況のなかで、子どもと家族のニーズをキャッチし正しく把握するために、子ども家庭支援にかかわる専門職の地域へのアウトリーチはもちろんのこと、子どもやその家族だけでなく、家庭を取り巻くさまざまな環境と、地域社会の文化や福祉力を把握することが欠かせない。孤立状態にある家庭をキャッチすると同時に、このような家庭の困りごとに即応するアウトリーチの支援システムと、家族機能の一部を代替するような生活圏域（小地域）での「住民の支え合い」関係の構築が喫緊の課題となっている。

保育の領域におけるソーシャルワークの必要性

2017（平成29）年告示の保育所保育指針に「ソーシャルワーク」という具体的な文言が盛り込まれたわけではない。しかし、ここまで述べてきたような子ども家庭支援の課題は、同時に、子育て等に関する相談や助言、子育てを孤立させないための地域近隣でのネットワークの場の構築、そのための多専門機関等との連携など、生活支援、子育て支援全般にソーシャルワーク機能が発揮されることへの期待に重なる。また、近年、家庭の支援には保護者や地域にアプローチすることが必要との認識が広がり、保育相談としてのソーシャルワークの展開が意識されるようになってきている。その一方で、現状では、いわゆる「保育ソーシャルワーク」を明確にするだけの実践の蓄積も理論的枠組みの検討も十分ではなく、また、「誰が」保育ソーシャルワークという専門的業務を担うのかという論議も十分ではない。

子ども家庭支援には、チャイルドケアワークとソーシャルワークを両輪とした実践が求められるため、将来的には、社会福祉士等のソーシャルワーカー資格をもつ保育士等の配置が望まれるとしても、当面は、保育士によってソーシャルワークが意識され、実践が積み重ねられることが求められるであろう。

ジェネラリスト・ソーシャルワーク

ジェネラリスト・ソーシャルワークは、「人と環境の相互作用」に着目し、それにかかわる広範な領域を構造的に理解して支援を展開する。人を地域社会を構成する要素あるいはシステムとしてとらえ、地域社会との相互作用に焦点化して支援を行うことを特徴とする。そこでは、子どもと家族が地域で当たり前に暮らしていくための地域社会との関係調整や、ニーズの充足に必要な社会資源の活用と開発、そのための児童福祉施設や学校、地域との連携、地域社会への啓発とはたらきかけ、社会福祉課題を地域社会で共有する場の創設等の諸活動が具体的な実践となる。

ジェネラリスト・ソーシャルワークの展開で重要なことは、支援が必要とされる人々の「暮らしの場面」へアウトリーチする（出向いていく）ことである。そして、助言や指導の場ではない「地域近隣における敷居の高くない」仕組みのなかで展開されることが求められる。

近年、各自治体の取り組みとして、子育て支援のメニューが増えているが、さまざまな困難をかかえる家族、すなわち、社会的な負の連鎖に陥りやすい家庭の支援には十分に機能していない。要保護児童を措置する仕組みは一貫して存在するが、措置に至る前段で生活困難を受け止める中間的な社会資源が必要である。中間的な社会資源とは、親の休息や急な病気などに対応するような、これまでは親族や近隣が担ってきたような役割をもつ社会資源である。このような社会資源の創設は地域住民や地域組織の参画があってこそ実現するものであり、地域住民との関係形成等を意識した弛（たゆ）みないアウトリーチが必要である。また、こうした社会資源とのかかわりを通して、困難な状況にある子と家庭への新たな接点を得ることが可能になる。

2. 子ども家庭支援の留意点と多機関・多職種との連携

ライフステージをつなぐ支援ネットワークの必要

子どもと家庭の支援には、制度をまたいで、さらに、ライフステージに応じた切れ目のない支援体制が必要である。子育ては、いつまでも乳幼児期にはとどまらず、瞬く間に子どもは学齢期になり思春期を迎える。親自身も年齢を重ね、子育てとともに高齢の親の支援や介護の課題などに直面するようになる。

乳幼児期を対象とする子育て支援であっても、子どもの育ちと子育て後に迎える暮らしをイメージし、親自身もライフステージで経験するであろう生活課題を見通せるようにすること、すなわち、「切れ目のない」支援と人々との関係づくりが、暮らしに身近な場所で展開されることが求められている。

さらに、個別のケアが必要な子どもの日常場面では、入学や進学、卒業などによって、支援の一貫性が途切れてしまいやすい。子どものライフステージをまたぐ「切れ目のない」一貫した支援は、市町村を基本とした相談支援体制に、そして移行期の支援、個別支援計画の中で意識的に取り組まれていく必要がある。

また従来から、個別のケアが必要な子どもと家庭の支援については、教育と福祉との連携の必要性が指摘され、連携強化が図られてきた。しかし、就学相談での申し送り、保健所、保育所・幼稚園等の所属機関からの引き継ぎといったバトンタッチ的な伝達はあっても、学校と母子保健や児童福祉、障害福祉関係の機関とが当事者の暮らしの課題に対して連携・協働する実践は多くはない。まずは、その家庭の「暮らし」の全体に目を向けること、ライフステージをまたいだトータルな生活課題の見立てとその共有が必要となろう。

暮らしの場での支援ネットワーク

地域には、保健、医療、福祉、保育、教育、就労支援等のさまざまな支援の仕組みがあるが、それらにアクセスできていない、あるいは正しい情報がなく、積極的な利用に結びついていない事例が顕在している。また、必要であるにもかかわらず、支援サービスの利用を望まない家庭や、支援サービスの適用条件にあてはまらない低所得の家庭、身近に相談できる人がいないなどの社会的孤立の状況にある家庭、支援サービスの情報が届いていない家庭の生活問題は深刻化しやすい。

やむを得ずこのような状況に陥る背景には、保護者が仕事を休むことができない、健康状態がよくないために外出が難しいなど、個別の相談や必要な手続きを行うために相談機関の窓口に来ることができない場合がある。また、過去の支援体験等から、行政等の支援機関とかかわることを望まない場合や、そもそも必要な情報が届いていないことも考えられ、既存制度の利用のいかんにかかわらず、困難をかかえている子ども・若者、家庭を、さまざまな場面で把握し、具体的な支援や見守りにつなげていく支援の仕組みが求められている。

例えば、妊娠・出産・乳幼児期にあっては、妊娠届出時の面接や新生児訪問、乳幼児健診等の母子保健の取り組み、地域での子育て支援、保育所・幼稚園等での様子、学齢期にあっては、学校生活での気づきなどを通して、子どもと家庭にアウトリーチしていく支援が必要であろう。そして、困難をかかえる可能性のある子どもや家庭に気づき、地域で見守り、専門機関につなげる仕組みづくりが必要である。

特に、保護者に疾病(しっぺい)や障害があったり、外国にルーツがある家庭では、地域社会や近隣から孤立しやすく、就園や就学にあたって必要な情報が得られない、家庭に求められることを理解できないといった事態が生じやすく、就園や就学の準備が不十分となり、子どもの学校生活を円滑(えんかつ)にスタートさせることができないこともある。さらに、所得格差の拡大やさまざまな家庭環境を背景として学力や進学機会の格差が生じており、親に対する日本語教育や子どものニーズに合わせた学習支援等の課題がある。子どもや家庭の経済的困窮、保護者の就労や疾病・障害等による養育環境の課題は、保育所等、学校、社会福祉機関だけの取り組みでは解決できず、教育と福祉や医療などの専門的アプローチと連携が重要となる。

生活困難をかかえている子どもと家庭に「気づく」「つなぐ」「見守る」支援は、子どもや保護者に傾聴(けいちょう)することで、家庭がかかえている困難や背景に気づくこと、気持ちに配慮しながら寄り添い、見守り、かかえている悩みや困難に応じた具体的支援につなげることはもちろんのこと、見守る人のすそ野を広げる取り組みが重要であり、学校、福祉、地域の支援と連携の仕組みを構築し、家庭をサポートする視点が不可欠である。保育所等の単一の機関の支援のみで解決する生活課題は多くはなく、子ども家庭支援のソーシャルワークでは、多機関・多職種、地域住民との連携を支援の中核にすえることを意識したい。

Step 3

事例を通した子ども家庭支援の理解

事例：さまざまな生活課題をかかえる親子の支援

Ａくん（５歳）は転居にともない、保育所の年長組に転園してきた。母親は外国人である。市役所の子ども家庭支援課からの情報では、母親には軽度の知的障害が疑われているようである。日本の生活習慣になじめておらず、保育所の決まりごとを理解することも難しい。父親は遠方へアルバイトに出たまま家を空けており、母親の身近にサポートがない状況である。

最近は、Ａくんの登園は小学生の姉が担っている。そのため姉は、小学校に遅刻することが常態化している。降園時に「母親に頼まれた」という見知らぬ外国人が突然迎えに来たこともあった。昼食の主食を持ってこないことも頻繁（ひんぱん）である。また、あまり着替えをしないので、Ａくんの洋服はいつも汚れている。

昨日、Ａくんが登園せず電話もつながらないため、心配した園長と保育士が自宅に出向いたところ、母親と２人の子どもは布団の中にいた。母親は表情がさえず、とても疲れている様子である。自宅アパートには家具が少なく、殺風景な印象を受ける。小学校への入学も控えており、園では親子の支援を検討することになった。

事例検討のポイント

(1) 家庭がかかえる生活困難の課題を考える。

(2) 子どもと家庭、生活困窮（こんきゅう）世帯を支援する行政の役割を調べてみる。

(3) 地域で子どもと家庭を支援する機関と専門職を調べてみる。

(4) 地域の民生委員・児童委員の役割を調べてみる。

(5) 外国人を対象としたインフォーマルな社会資源について調べてみる。

解説：事例課題を生活と暮らしの課題として焦点化する

住み慣れた自国を離れた子育ては、母親に大きな負担を強（し）いている。子育てにおける困難は一様ではなく、母国との文化的な違い、異国に移住することになった経過、移住先の社会でおかれている状況等多様な影響を受けており、それは輻輳（ふくそう）して生活困難の要因となっている。そのような意味から、世帯と社会環境との接点には多様な課題があると予測され、時々に生じる周辺的問題も含めると、さまざまな角度からの専門的支援と生活サポートが必要となる。

しかし、多様な課題のなかでも、生活基盤の安定に直接的に影響する課題があり、ソーシャルワーカーにはその課題に接近するアセスメントと、探し得た課題への優先的なアプローチが求められてくる。例えば、優先すべき支援課題を、世帯の①健康面の課題、②経済的課題、③身近な生活サポートの課題に焦点化してみる。

子どもたちの栄養面や保清の問題の改善、また、母親の知的能力や心身面への医療・福祉・心理的支援が必要かもしれない。

生活の様子には経済的課題が見え隠れしている。「貧困」は直接的には経済問題であるが、健康面、社会関係、情報アクセス量、社会資源の獲得等、生活上のあらゆる面に大きく影響する課題である。生活保護制度等の社会制度の存在を知らないかもしれないし、知っていても、言葉の壁や文化的側面等の影響から、制度へ適切にアクセスできていない（していない）可能性がある。また、制度利用には夫（世帯）の収入等の経済状況全般が関係する。

生活のなかで母親がかかえる困難や疲弊（ひへい）は、自国との文化や生活習慣の違いに起因している部分も多い。例えば、保育所の通園規則や日常習慣の一つひとつに混乱し疲弊しているかもしれない。また、行政機関からの通知や自治会の回覧板等を理解できないことで、近隣とのトラブルが生じている心配もある。言葉の壁は医療機関の受診を躊躇（ちゅうちょ）させてきたかもしれない。母親の身近に、自国出身者のインフォーマルな交流の場が必要かもしれない。

多機関と多職種との連携——保育所は何を担うのか

以上のような課題の軽減や解決に必要となる支援をイメージしてみる。Ａくんの家庭の周辺にどのような支援の仕組みがあるとよいだろうか。そして、子どもと家庭にとっての最も身近な社会資源としての保育所がどのような役割を担うのか等を保育所の専門性・機能とともに検討してみる。その際、その支援は「誰が」担うのか、どのような人たちに協力を求め、どのような連携が必要となるのかを合わせて検討してみよう。

実践現場で普通にイメージされる「連携」とは、バトンタッチ的「役割分担」に重なる。しかし、支援のための制度システムが存在しない、いわゆる「制度の狭間」の解決の糸口は、組織・機関・専門職集団といった社会福祉の実施運営主体が、まずは、経年のうちに既成事実化した支援の枠組みから「一歩踏み出す」実践を指向することからはじまる。多機関・多職種が少しずつ自らの支援の枠組みを広げ、それを「のりしろ」として重なり合う連携（＝協働）の実践が求められている。

参考文献

●「地域共生社会へ向け工程表を発表　公的サービスに依存しない社会めざす」2017年２月20日付福祉新聞

●「我が事・丸ごと」地域共生社会実現本部「『地域共生社会』の実現に向けて」厚生労働省，2017（平成29）年２月７日

●橋本好市・直島正樹編著『保育実践に求められるソーシャルワーク――子どもと保護者のための相談援助・保育相談支援』ミネルヴァ書房，2012.

●公益財団法人児童育成協会監，松原康雄・村田典子・南野奈津子編『基本保育シリーズ⑤ 相談援助』中央法規出版，2015.

●川向雅弘「『狭間』に取り組むソーシャルワーカーの『越境』の課題――地域を基盤とするソーシャルワークに求められている連携・協働とは」『ソーシャルワーク実践研究』第５号，2017.

●北川清一・川向雅弘監，北川清一・稲垣美加子編著『子ども家庭福祉への招待』ミネルヴァ書房，2018.

COLUMN 連携・協働の課題――専門職と機関が一歩踏み出す

制度が充足していなかった時代、「制度の狭間」におかれた福祉課題に取り組むことが社会福祉の役割であった。しかし、多様な制度メニューが用意され、専門職が細分化することによって、皮肉なことに「制度の狭間」ならぬ「支援の狭間」が顕在（けんざい）している。「制度の狭間」を埋めるものとして、「連携」の重要性が論じられるにもかかわらず、「連携」が多くの場面で、「責任の押し付け合い」「無責任なニーズのキャッチボール」に終始しかねない状況が顕在しており、そのような支援不在の状況が「支援の狭間」である。

問われるべきは、「機関・専門職が経年のうちに既成事実化させた支援の守備範囲（スタンダード）から一歩踏み出す実践」への主体的態度であろう。「制度の狭間」といえども、現実的には、ニーズに最も近接した支援領域が主体となって、既存の制度間でのつながりを模索する以外に良策はない。

「制度の狭間」がなくなることはない。そこにある福祉課題の解決の糸口は、それぞれの機関・専門職が自身の専門性の「マージナルな活動領域＝裁量的活動領域」を広げ、それを連携の「のりしろ」として重なり合うような有機的な連携関係（＝「協働」）の普及・一般化である。そのために必要なことは、組織・機関・専門職集団といった社会福祉の実施運営主体が、既成事実化した支援の枠組みから「一歩踏み出す」実践へのコンセンサスを構築することである。

（川向雅弘）

第13講

地域の子育て家庭への支援

本講では、地域で子育てをしている家庭への支援について学ぶ。保育所等は地域の子育て家庭への支援を行う施設として、他の関係機関と連携しながら専門性をもって取り組むことが求められている。保護者自身がよりよい子育てをすることができるように、保育者は身近な相談相手となり、保護者同士のつながりや地域との関係づくりを支える大切な役割を担っている。

Step 1

1. 地域の子育て家庭への支援

これまで学んできたように、保育所の役割には入所する子どもの保育と、保育所を利用している保護者に対する子育て支援と、地域の保護者等に対する子育て支援がある。ここでは、地域の保護者等に対する子育て支援について学んでいく。

現代は以前と比べて、日々の暮らしのなかで小さな子どもと触れ合う機会がほとんどなくなった。少子化により、地域の子どもの数が減ったこと、同じ地域に住んでいる多様な世代の人との交流が減ったことなど、理由はさまざま考えられる。第一子が小さいうちは親としての経験が少なく、生まれてはじめて体験する子育てがわが子の子育てであるため、多くの母親や父親が不安や心配をかかえている。特に日本では、育児を含めた父親の家事担当時間がまだまだ短く、育児の負担を多く担っている母親が不安や心配をかかえることが多い。

それでは、母親が働いている場合とそうでない場合では、どちらが子育てのストレスが多いだろうか。多くの研究では、母親が働いているほうが子育てのストレスが少ないことがわかっている。日本において3歳以上のほとんどの子どもは保育所や認定こども園、幼稚園などに通っている。その反面、保育所や認定こども園に通っている子どもは、0歳児の約6人に1人、1・2歳児の約半数となっている[*1]。地域の子育て家庭への支援の主な対象は、保育所や認定こども園に通っていない子どもの家庭となる。

2. 子育ての楽しさを感じられるために

現代日本においてはさまざまな便利なものを使うことで、周囲の人に頼ることなく保護者のみで子育てすることが増えてきた。これは育児の孤立化といわれ、母親が不安や心配、ストレスをかかえる原因の1つとなっている。

そもそも、生物としての人間は出産後、周囲のさまざまな人と共同して子育てをしてきた。多くの人がかかわって一人の子どもを一人前にするのが社会的存在としての人間である。保育所や認定こども園は保護者と一緒に子育てをし、保護者がより多くの人や機関に頼ることができ、保護者自身の子育てが楽しいものになるように支援していくことが大切である。

＊1　厚生労働省「保育所等関連状況取りまとめ（令和4年4月1日）」p.4，2022.

3. 地域の子育て家庭への支援の変遷

戦後、保育所制度がはじまったときから、地域の子育て家庭への支援が大きな役割とされてきたわけではない。かつて子育ては、親族や地域社会がお互い助け合いながらするものであり、国などが支援するものではなかった。

少子化が問題視されてきた1993（平成５）年以降、保育所において地域の子育て家庭等に対する育児不安などの相談指導、子育てサークル等の支援を行う「地域子育て支援センター事業」が実施されてきた。また、2002（平成14）年度からは、おおむね３歳未満の乳幼児とその保護者が交流できる「つどいの広場事業」が創設された。2003（平成15）年に改正された児童福祉法において「子育て支援事業」が新たに法定化された。2007（平成19）年度からは、児童館の活用も含めたつどいの広場事業と地域子育て支援センター事業を再編した「地域子育て支援拠点事業」が創設され、翌2008（平成20）年には児童福祉法に位置づけられた*2。

4. 子ども・子育て支援新制度に基づく地域子ども・子育て支援事業

2015（平成27）年４月から本格施行された子ども・子育て支援新制度において、地域の実情に応じた子ども・子育て支援の充実が図られた。この新制度では、包括的な家庭支援として、すべての子どもと子育て家庭に対し、切れ目のない子育ち・子育て支援を届けられる社会の構築をめざしている。

新制度により、地域子ども・子育て支援事業として13事業が位置づけられた（**図表13-１**）。これらの事業の多くは以前から実施されていたが、根拠法令もさまざまであった。そのため、国として子育て支援を統一的に行うことになっただけでなく、各市町村が地域の実情に合わせて計画に基づき事業を実施することになった。

なお、児童福祉法上では、2022（令和４）年の改正で「子育て世帯訪問支援事業」「児童育成支援拠点事業」「親子関係形成支援事業」が新設され、地域子ども・子育て支援事業への位置づけも期待されている。

*2　小山優子「現代の子育て支援はなぜ必要か〜都市化、核家族化、少子化の視点から〜」『チャイルドヘルス』第21巻第２号，p.11，2018.

図表13-1 地域子ども・子育て支援事業

ここでは地域子育て家庭支援関連の7事業をあげる

事業	内容
①利用者支援事業	子どもおよびその保護者等の身近な場所で、子育て支援の情報提供および必要に応じ相談・助言等を行うとともに、関係機関との連絡調整等を実施する事業
②地域子育て支援拠点事業	乳幼児およびその保護者が相互の交流を行う場を提供し、子育てについての相談、情報の提供、助言その他の援助を行う事業
③乳児家庭全戸訪問事業	生後4か月までの乳児のいるすべての家庭を訪問し、子育て支援に関する情報提供や養育環境等の把握を行う事業
④養育支援訪問事業	養育支援が特に必要な家庭に対して、その居宅を訪問し、養育に関する指導・助言等を行うことにより、その家庭の適切な養育の実施を確保する事業
⑤子育て短期支援事業	保護者の疾病等の理由により家庭において養育を受けることが一時的に困難となった児童について、児童養護施設等に入所させ、必要な保護を行う事業（短期入所生活援助事業（ショートステイ事業）および夜間養護等事業（トワイライトステイ事業）） ※2022（令和4）年児童福祉法改正により、保護者が子どもとともに入所利用可能になる（2024（令和6）年4月施行）。
⑥子育て援助活動支援事業（ファミリー・サポート・センター事業）	乳幼児や小学生等の児童を有する子育て中の保護者を会員として、児童の預かり等の援助を受けることを希望する者と援助を行うことを希望する者との相互援助活動に関する連絡、調整を行う事業
⑦一時預かり事業	家庭において保育を受けることが一時的に困難となった乳幼児について、主に昼間、認定こども園、幼稚園、保育所、地域子育て支援拠点その他の場所において、一時的に預かり、必要な保護を行う事業 ※2022（令和4）年児童福祉法改正により、子育て負担を軽減する目的での利用が可能になる（2024（令和6）年4月施行）。

地域子育て支援拠点事業

親子が集い、うち解けた雰囲気のなかで語り合い、相互に交流を図る常設の地域の子育て拠点を設け、地域の子育て支援機能の充実を図る取り組みである。

地域子育て支援拠点事業の基本的な内容として、①子育て親子の交流の場の提供と交流の促進、②子育て等に関する相談・援助の実施、③地域の子育て関連情報の提供、④子育ておよび子育て支援に関する講習等の実施、の4つがあげられる。またさらなる展開として、一時預かり等の地域の子育て支援活動の展開を図るための取り組み、地域に出向き出張ひろばを開設、高齢者等の多様な世代との交流や伝統文化や習慣・行事の実施、などがある。

保育所・認定こども園や公共施設、児童館等の地域の身近な場所で、乳幼児のいる子育て中の親子の交流や育児相談、情報提供等を実施すること、そしてNPOなど多様な主体の参画による地域の支え合い、子育て中の当事者による支え合いにより、地域の子育て力を向上させることをめざしている。

5. 保育所における地域の子育て家庭に対する支援

地域の子育て家庭に対する支援については、児童福祉法第48条の4において保育所の行うことが規定されている。また、保育所保育指針では、第1章総則において、保育所の役割の1つとなっている。そこでは地域のさまざまな人・場・機関などと連携を図りながら、地域に開かれた保育所として、地域の子育て力の向上に貢献していくことが求められている。

地域社会や家庭において、子育てについての経験がとぼしい人が増えている一方で、身近に相談相手がなく、子育て家庭が孤立しがちとなっている状況があるなかで、安心・安全で、親子を温かく受け入れてくれる施設として、保育所の役割はますます期待されている。

6. 幼保連携型認定こども園における地域の子育て家庭に対する支援

認定こども園において子育て支援の実施は義務とされており、保育所などとともに次世代の社会をつくる子どもを生み育てるためのよりよい環境づくりが望まれている。就学前の子どもに関する教育、保育等の総合的な提供の推進に関する法律第2条第12項に定義されている「子育て支援事業」の具体的な事業内容は、次の5つである。

① 親子が相互の交流を行う場所を開設する等により、子育てに関する保護者からの相談に応じ、必要な情報の提供等の援助を行う事業

② 家庭に職員を派遣し、子育てに関する保護者からの相談に応じ、必要な情報の提供等の援助を行う事業

③ 保護者の短時間の就労、育児のためのリフレッシュ、疾病（しっぺい）等の理由により、家庭において保育されることが一時的に困難となった子どもにつき、認定こども園またはその居宅において保護を行う事業

④ 子育て支援を希望する保護者と、子育て支援を実施する者との間の連絡および調整を行う事業

⑤ 地域の子育て支援を行う者に対する必要な情報の提供および助言を行う事業

Step 2

1. 地域の子育て家庭への支援者の姿勢

次に、地域の子育て家庭に対する保育者としての役割について考える。まず、保護者の存在そのものを温かく受け入れることが大切である。保護者が支援を利用する気持ちになることが第一であり、それぞれの保護者の思いや考えや悩みをそのまま受け止めることから支援がはじまる。

相談相手になるためには、気軽に話ができる関係をつくっていかなければならない。適切な情報をもとに、まずは支援者から声をかけること、一緒に考えること、よりよい子育てができるように保護者の行動を後押しすることが求められる。

保護者はいろいろな人とかかわることにより、子育ての孤立感（自分だけが頑張っているという思い）を感じなくなることが多い。支援者は利用者同士をつなぎ、利用者が支援を必要としなくなるようなつながりづくりをめざしている。

また、利用者同士のつながりだけでは長い子育て期の人間関係としては不十分であることが多い。子どもの成長とともに、地域とつながり、さまざまな人々とのかかわりをもつコミュニティを形成することで、安心した子育て生活が送れるように支援することが求められている。

2. 保育所等で行う子育て支援の特徴

地域特性に応じた子育て支援

子育て世代の家族の転出・転入が多い地域がある。引っ越してきたばかりは、地域に子育て仲間や相談できる相手がいないことが多いので、保護者同士の交流を図るなどの支援が必要となる。また、０歳から２歳までの期間、家庭で子育てを行う保護者の割合が多い地域では、保護者が集まって交流できるスペースを用意したり、自主的な活動をうながす必要があるかもしれない。また、そもそも地域に子どもが少ない場合には、在園児やその保護者と交流する機会を設けることも考えなければならない。

このように、地域の実情に合った子育て支援をする必要がある。

専門性を活かした子育て支援

保育所や認定こども園は、就学前の子どもに対して生活や遊びのなかで幼児教育を行う施設である。そこは、子どもにとって安全で清潔であり、自発性が発揮(はっき)できる生活と遊びの場であるという園自体がもっている特徴を活かして子育て支援をすることができる。また、保育士がもつ保育の専門性と、調理師や栄養士、看護師などのそれぞれの専門職がもつ専門性による支援が一体となって行われることも大きな特徴となっている。各職員は園における保育だけでなく、子育て支援の専門性を向上させることが求められている。

対人援助としての子育て支援——「指導」ではなく「支援」

児童福祉法第18条の4では「保育士とは、（中略）保育士の名称を用いて、専門的知識及び技術をもつて、児童の保育及び児童の保護者に対する保育に関する指導を行うことを業とする者をいう」としている。ここでいう「指導」は、正しい育児を保護者に教える、伝えることではなく、子育てに関する相談、助言、行動見本の提示その他の援助業務の総体を指す。

子育ての主体は保護者であり、保護者が自らよりよい子育てのあり方を選択し、子育てを楽しめるようになることをめざすために、保護者等のそのときの気持ちなどのあり方を受容することが必要となる。子育て支援は対人援助なのである。

もちろん、支援するうえで気をつけなければならないのが子どもの最善の利益である。保育所保育指針で保護者支援ではなく子育て支援（幼保連携型認定こども園教育・保育要領では「子育ての支援」）としているのは、子育ての主体は保護者であっても子どもの育ちが中心にあることを示している。保護者の願いや希望を実現する際に、子どもの豊かな育ちにつながるのかをていねいに考えなければならない。

3. 関係機関との連携

身近な地域でどのような子育て支援が行われているのか考えてみよう。すぐにいくつか思いつく人は、地域の子育て支援に対する興味・関心が高いといえる。多くの保護者は実際に子どもが生まれてから気にするようになるが、子どもが生まれてからもどこで子育て支援の情報を得たらよいのかわからないこともあるだろう。

地域の子育て家庭への支援を適切に行うためには、保育所等の機能や専門性を十分に活かしたうえで、自らの役割や専門性の範囲に加え、関係機関および関係者の役割や機能をよく理解し、保育所のみでかかえ込むことなく、連携や協働を常に意識して、さまざまな社会資源を活用しながら支援を行うことが求められる。地域にどのような関係機関があり、どのような役割を果たしているかを知ることからはじめなければならない。また、地域における子育て支援に関する情報を把握（はあく）し、それらを状況に応じて保護者に適切に紹介、提供することも大切である。まずは、市報などの自治体の広報誌を読んでみるとよいだろう。

こうした関係機関との連携・協働や地域の情報の把握および保護者への情報提供にあたっては、保育所全体での理解の共有や、担当者を中心とした保育士等の連携体制の構築に努め、組織的に取り組むことが重要である。

4. 子育て家庭が利用している事業や機関

妊娠期から３歳ごろまでの子育て期にわたるさまざまな事業

妊娠がわかると、自治体で母子健康手帳を受け取ることができる。これに基づいて、妊婦健康診査、両親学級などの情報が手に入る。

妊娠期から３歳ごろまでの母子保健サービスと子育て支援サービスは、**図表13-２**のとおりである。妊婦健診・産婦健診は産婦人科などの医療機関、乳幼児健診・予防接種は小児科などの医療機関、両親学級等や乳児家庭全戸訪問事業は、自治体の母子保健担当部署などが実施していることが多い。

子育て世代包括支援センター

以前は母子保健サービスと子育て支援サービスは根拠法令や所管の違いもあり、情報のやりとりが必ずしもうまくいかないこともあった。しかし、妊娠期から子育て期にわたる切れ目のないきめ細やかな相談支援等を行う子育て世代包括支援センターの設置が2015（平成27）年以降進められている。子育て世代包括支援センターは主に、子どもが保育所や幼稚園など教育・保育施設に入る前の家庭を支援対象としている。なお、2022（令和４）年の児童福祉法改正により子育て世代包括支援センターを見直し、「こども家庭センター」が新設される（2024（令和６）年施行）。

図表13-2 妊娠から乳児期の子育て支援事業

<table>
<tr><th>妊娠期</th><th>出産</th><th>産後</th><th>育児</th></tr>
<tr><td colspan="2">産前・産後サポート事業</td><td colspan="2">産後ケア事業</td></tr>
<tr><td>妊婦健診</td><td colspan="2">産婦健診</td><td>乳幼児健診</td></tr>
<tr><td>両親学級等</td><td colspan="2">乳児家庭全戸訪問事業</td><td>予防接種</td></tr>
<tr><td colspan="4">養育支援訪問事業</td></tr>
</table>

子育てひろば

子育てひろばは地域子育て支援拠点事業を行う場であり、０～３歳を中心とした乳幼児とその保護者が一緒に過ごせる場所となっている。保育所等に入園する前の多くの親子が日中、ほかの親子と交流できる場として利用している。保育者として、子育てに関するさまざまな相談を受けることになるので、子育てに関するいろいろな情報を整理し、提供できるようにしなければならない。

それとともに、保護者同士の関係づくりをすすめるコーディネーターの役割が求められる。また、必要に応じて他の機関や事業を紹介するなど、子育てが家庭からひろば、そしてさらに幅広く地域に広がるような支援が必要である。

保育所等の保育者は、子育てひろばに出向き、専門性を活かした活動ができる。保育士は遊びや子どもとのかかわり方など、栄養士・調理師は離乳食づくりなど、看護師・保健師はケガや感染症などそれぞれの専門性に基づいた相談などができるとともに、入園前の親子の姿の一端（いったん）を知る機会にもなる。

自治体の子育て支援担当部署

子ども課、子育て支援課など自治体により名称はさまざまだが、地域の子育て支援情報の収集・提供に努め、子育て全般に関する専門的な支援を行う拠点となっている。子どもやその保護者等、または妊娠している人が教育・保育施設や地域の子育て支援事業等を円滑（えんかつ）に利用できるよう、身近な実施場所で情報収集と提供を行い、必要に応じて相談・助言等を行うとともに、関係機関との連絡調整等を実施し、「利用者支援事業」も行っていることが多い。支援を必要とする子育て家庭と保育所等が密接に連携する機関となる。

身近な子育て支援関連機関を確認してみよう

まずは、自分が住んでいる地域の「子育てひろば」を調べてみよう。どのような場所にあり、どこが運営しているのか、どのような利用ができるのか。できれば、見学に行くことで理解を深めることができる。

また、地域の子ども子育て会議が策定した「子ども子育て支援事業計画」を読んでみよう。地域独自の現状や課題を知ることができる。

その他、小児科等地域の医療機関、子育て用品の店、公園、子連れOKの飲食店など、普段何気なく過ごしている地域を子育ての視点で再確認することで新たな発見をすることができる。多くの人や団体が子育てにかかわっていることを知り、子育て支援についての視点を広げてほしい。

Step 3

事例を通した理解

事例1：一時預かり事業（一時保育）

保育所で頻繁（ひんぱん）に日中８時間の一時保育を利用するＡちゃん（２歳11か月）と母親のＢさん。リフレッシュのためとのことだが、ときどき、暗い顔をして迎えにくることもある。

ある日、Ａちゃんが「お母さん、きのうは負けちゃったけど、今日はパチンコで勝ってくるんだ」と話していた。それとなく話を聞いてみると、Ｂさんは A ちゃんを預ける日は毎回のようにパチンコに行っているようである。Ａちゃんは喜んで保育所に来てくれているとはいえ、保育者として、母親との時間をもっととってもらいたいとの思いを抱いている。また、お迎えの予定の時間を少し過ぎることもあり、このような理由での利用については控えてほしいと感じている。

この事例について、保育者としてどのように考え、支援できるだろうか。保育者は、いくつかの点で気になっている。

○利用理由であるリフレッシュの内容がパチンコである
○利用頻度（ひんど）が高く、親子で過ごす時間が短いのではないか
○お迎えの予定時間を過ぎることがある

Bさんの気持ちに寄り添ってみる

仮に「母親はこうあるべき」という保育者側の考えを伝えるだけでは、Ｂさんの子育てのあり方は変化しないかもしれない。まずは、Ｂさんの生活や気持ちを理解することが必要である。

○なぜ、頻繁に一時保育を利用しているのか（本当にリフレッシュなのかなど）
○なぜ、パチンコをするのか（ほかの過ごし方がないのか）
○なぜ、お迎えの予定時間を過ぎてしまうのか（お迎えを優先できない事情は何か）
○ほかの家族（夫など）はどのように子育てにかかわっているのか
○家庭ではどのように過ごしているのか

まず、保護者の現在の姿を受け入れて、保護者の気持ちを理解しようとすることで、かかえている状況や課題を確認することができる。子育ての主体は保護者自身（と子ども）である。保護者自身が望ましい子育てのあり方を見つけ、そのあり方を試してみる手助けをすることが肝要（かんよう）となる。

事例2：子育てひろば

保育所で行っている子育てひろばには、毎日何組もの親子がやってくる。あるとき、複数の保護者と話をしていると、保護者の一人であるＣさんが「最近、子どもをスイミングスクールに通わせている」と話した。Ｃさんの子どもは生後４か月の第一子で、ほかの保護者は早くから子どものために習い事をさせることに感心している。

実際は子どもを抱いてプールで浮かばせるだけだが、Ｃさんはその理由を「小学校に入ったときに泳げないとかわいそうだから」と話し、ほかの保護者は共感しながら聞いていた。保育者は４か月からスイミングに通わせること、小学校のことを考えるのは早すぎると考えたが、Ｃさんの思いに配慮して、その場ではにこやかに聞き、特にアドバイスをしなかった。

保護者の思いや考えを受け止め、ただ話を聞いているだけでは、子育てを支援することにはならない。保護者の思いや考えを受け止めたうえで、保育者の専門性を活かして支援につなげる必要がある。

なぜ４か月からスイミングに通わせているか

Ｃさんには、子どもによりよい経験をさせたいという親心がある。ただ、発達の過程がわからず、子どもにとってよい経験に結びつかない、かなり早い段階での習い事になっている。

どのようにＣさんに伝えるのか

保育者はまず、Ｃさんの話をとにかく聞いてみる。小学校以降のことだけが心配なのか、ほかの望みや心配はあるのか、子育て全般についての思いや考えを理解することに努めることが第一である。そのうえで、この事例では周りの保護者は感心して聞いているだけであったが、子育て経験のあるほかの保護者の話が聞けるように、保護者の集団を調整したり、いろいろな考えをもつ保護者と交流することで、子どもの発達や子育てについて見通しをもつことにつながる。

保護者の思いや考えを理解し、保護者の力を信じ、伸ばすことが、支援の専門家としての保育者の役割となる。保護者同士がつながるきっかけをつくり、支え合うことや、つながりが地域コミュニティに広がっていくことで、保護者と子どもが安心して地域で暮らしていくことができる。支援者はその手助けをほかの関連機関と連携して行うという大切な役割を担っているのである。

参考文献

●武田信子『保育者のための子育て支援ガイドブック』中央法規出版，2018.

●佐藤純子編『子ども・子育て支援シリーズ第２巻 拡がる地域子育て支援』ぎょうせい，2017.

●柏女霊峰『これからの子ども・子育て支援を考える――共生社会の創出をめざして』ミネルヴァ書房，2017.

COLUMN スマートフォンやインターネットをどう使うか？

2013（平成25）年、日本小児科医会が「スマホに子守りをさせないで！」というポスターとリーフレットを作成した。その後、「スマホ育児」が報道などでも取り上げられ、保育や子育て支援の関係者からも、子育て中の保護者のスマートフォン（以下、スマホ）利用について心配されている。店選びや料理のレシピなどを知るために日常的に利用するなど、スマホやインターネットなどのメディアは現在、多くの人の生活のなかに深く根づいている。街中や電車の中で、子どもにスマホを見せている保護者を見かけることも少なくないだろう。

しかし、なぜ、どのように使っているかは人それぞれである。ある保護者は「電車での移動中、子どもが騒いでほかの乗客の迷惑にならないように」と、普段は見せない動画を見せているのかもしれない。この場合、子どもの自然な姿を受け入れにくい世の中にこそ、改善の余地があるだろう。

「スマホ育児」という言葉からは、スマホなどを極力使わないことが求められているような印象を受ける。しかし、日本小児科医会が重視しているのは、「親と子の直接的なかかわりあい」「子どもが主体的に豊かな環境へかかわること」である。スマホで保護者の人間関係が広がるなど、積極的に活用できる面も少なくない。現在の保護者の生活を認めつつ、子育てがより楽しくなるように、メディアとの関係を一緒に考えられる支援者でありたい。

（米原立将）

第14講

要保護児童および
その家庭に対する支援

　本講で取り上げる支援は、地域社会のなかでの生活から、場合によっては児童福祉施設等での生活、さらには施設退所後の自立へと向けた生活をひと続きのものとしてとらえる視点が求められる。そのため、児童福祉施設・保健センター・学校・病院等をはじめとする地域のさまざまな機関や専門職者が有機的に結びついた支援を構築していく必要がある。本講では、要保護児童の現状を理解し、児童・家庭への支援のあり方について学ぶ。

Step 1

1. 要保護児童の全体像

「要保護児童」発生要因の変化

「要保護児童」とは、児童福祉法において「保護者のない児童又は保護者に監護させせることが不適当であると認められる児童」（第６条の３第８項）と規定されているように、適切な親の養育を受けることができない子どもを指す。

親の養育を受けることができない子どもの保護は、社会福祉の歴史のなかで最も古くから関心が払われてきた分野である。これは、子ども自身の問題というよりも、その時々の社会状況の影響を強く受けつつ、親や家族の生活との関係のなかで生じるものであり、時代によってその内容は大きく変化してきた。

1947（昭和22）年に児童福祉法が制定されたころの要保護児童発生の要因は、戦争を背景とした戦災孤児（せんさいこじ）や棄子（すてご）などが中心であったが、その後は経済的な問題、離婚など家族の問題へと変化した。今日では、虐待（ぎゃくたい）を理由とするものが多くを占めているが、不登校や貧困状態にある子どもも少なくなく、これらは相互に関連している場合が多いことが指摘されている。

児童養護施設等への入所児童

保護を要する児童は主に、児童相談所において子どもと親への対応がなされ、必要な場合には児童養護施設等への入所措置（そち）がとられる。2020（令和２）年度の児童虐待相談対応の内訳（**図表14-１**）をみると、児童虐待相談のうち児童養護施設等社会的養護下に措置される子どもは、児童虐待相談全体の１割にも満たない。児童福祉施設入所等に至らないケースは、児童相談所等により在宅指導等がなされる。つまり、要保護児童は、そのすべてが児童福祉施設等で生活しているわけではなく、在宅での支援を要するケースも少なくない。

社会的養護を実施する施設等への近年の入所状況をみると、乳児院と児童養護施設では、入所児童数は減少傾向にあり、2000年代に入ってから、里親やファミリーホームへの委託児童数が急増している。これは、社会保障審議会児童部会において、社会的養護のあり方について検討が進められるなかで示された方向性の１つである。そして、その方向性は、2016（平成28）年の児童福祉法改正において、家庭で適切な養育が受けられない場合には、「家庭における養育環境と同様の環境（里親・ファミリーホーム等）」で継続的に養育されること、この方法でも適切な養育が受けられないのであれば、「できる限り良好な家庭的環境」を用意するよう必要な措

図表14-1 2020（令和２）年度児童虐待相談対応の内訳

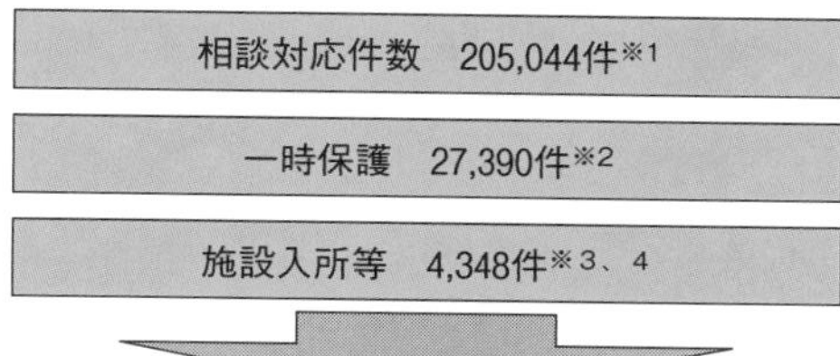

内訳															
児童養護施設 2,274件				乳児院 663件				里親委託等 656件				その他施設 755件			
24年度	25年度	26年度	27年度	24年度	25年度	26年度	27年度	24年度	25年度	26年度	27年度	24年度	25年度	26年度	27年度
2,597件	2,571件	2,685件	2,536件	747件	715件	785件	753件	429件	390件	537件	464件	723件	789件	778件	817件
28年度	29年度	30年度	令和元年度	28年度	29年度	30年度	令和元年度	28年度	29年度	30年度	令和元年度	28年度	29年度	30年度	令和元年度
2,651件	2,396件	2,441件	2,595件	773件	800件	736件	850件	568件	593件	651件	735件	853件	790件	813件	849件

※１　児童相談所が児童虐待相談として対応した件数（延べ件数）
※２　児童虐待を要因として一時保護したが、令和２年度中に一時保護を解除した件数（延べ件数）
※３　児童虐待を要因として、令和２年度中に施設入所等の措置がなされた件数（延べ件数）
※４　令和２年度　児童虐待以外も含む施設入所等件数　9,061件

【出典：福祉行政報告例】

出典：厚生労働省子ども家庭局家庭福祉課「社会的養育の推進に向けて（令和４年３月31日）」2022．を一部改変。

置を講ずることが同法に明記された。

また、児童養護施設や里親家庭で育つ若者の自立支援に関し、原則18歳（最長22歳）までとなっている年齢上限を緩和する改正児童福祉法が、2022（令和４）年６月に成立した（2024（令和６）年４月１日施行）。支援を年齢で一律に制限することをやめ、施設や自治体が自立可能と判断した時期まで継続できるようになる。

地域社会で暮らす要保護児童

施設や里親ではなく家庭で生活している要保護児童の実態についての把握（はあく）は難しいが、小・中学校に在籍する学齢児童・生徒については、就学援助制度の利用者から要保護児童を把握できる可能性がある。文部科学省では、学校教育法第19条「経済的理由によって、就学困難と認められる学齢児童又は学齢生徒の保護者に対しては、市町村は、必要な援助を与えなければならない」に基づき、「要保護・準要保護児童生徒」を認定し、就学援助制度を実施し、学用品費・修学旅行費・学校給食費・クラブ活動費などの補助を行っている。

就学援助の対象としての「要保護者」とは、生活保護法第６条第２項に規定される要保護者（現に保護を受けているといないとにかかわらず、保護を必要とする状態にある者）であり、「準要保護者」は、市町村教育委員会が、上記条項に規定する要保護者に準ずる程度に困窮していると認める者とされている。

2020（令和２）年度の要保護・準要保護児童生徒数は、132万4739人（対前年度１万8863人減少）であり、援助率は14.42％となっている（**図表14-２**）。この数値は子どもの貧困率（2015年：13.9％、2018年：13.5％、なお、OECDの所得定義の新たな基準では14.0％）と近い値であり、７人に１人となる。

就学援助制度は経済的理由に限ったものであり、認定基準も自治体により若干異なり、児童福祉法でいうところの要保護児童と必ずしも重なるものではないが、貧困状態は子どもの意欲、学力、自己肯定感、健康等と関連することが強く指摘されており、何らかの支援を要する状況にある場合が多い。

図表14-2　要保護および準要保護児童生徒数の推移（平成12年度～令和２年度）

○2020（令和2）年度要保護および準要保護児童生徒数（就学援助対象者数）は、1,324,739人（対前年度▲18,863人）で9年連続減少。
○2020（令和2）年度就学援助率は14.42％（対前年度▲0.1ポイント）で8年連続減少。
○就学援助対象者数の主な減少要因としては、「児童生徒数全体の減少」に加え、「経済状況の変化」と回答した市町村が多い。

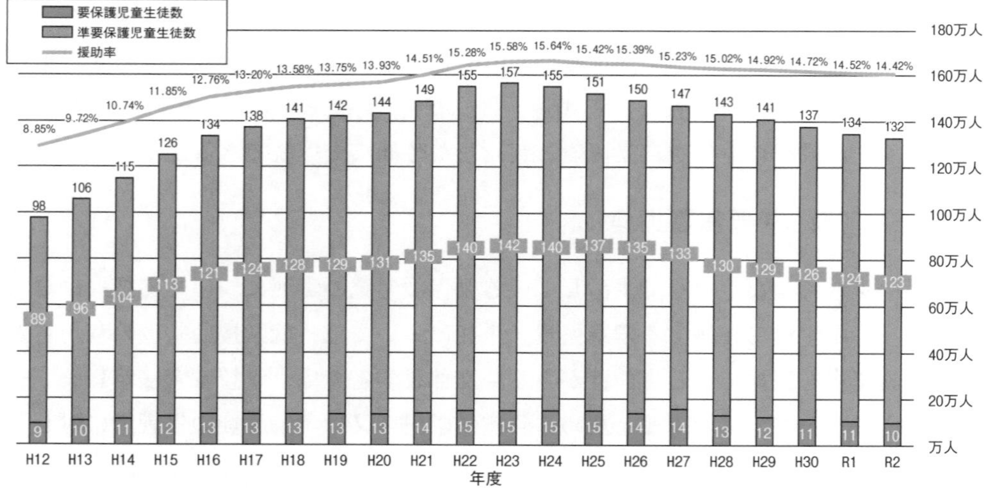

※要保護児童生徒数：生活保護法に規定する要保護者の数
※準要保護児童生徒数：要保護児童生徒に準ずるものとして，市町村教育委員会がそれぞれの基準に基づき認定した者の数
（文部科学省調べ）

出典：文部科学省初等中等教育局修学支援・教材課「就学援助実施状況等調査結果」2021．を一部改変。

2. 要保護児童の家族的背景

要保護児童の家族がかかえる生活問題の重層性

産業構造の変容や社会経済状況を背景として、家庭を取り巻く子育て環境は大きく変化した。地域関係が希薄化し子育ての知識・技術の伝承や助け合いもされにくい現代社会で、子どもとの接触経験や育児経験もなく親になったものが、強いストレスや育児不安をかかえてしまう状況は想像に難くない。

児童虐待は家族の構造的問題と同時に把握されることが多い。「健やか親子21検討会報告書」(2000（平成12）年11月）では、児童虐待が起こる原因として、次の4つの要素がそろっていることを指摘している。

① 多くの親は子ども時代に大人から愛情を受けていなかったこと
② 生活にストレス（経済不安や夫婦不和や育児負担など）が積み重なって危機的状況にあること
③ 社会的に孤立化し、援助者がいないこと
④ 親にとって意に沿わない子（望まぬ妊娠・愛着形成阻害・育てにくい子）であること

厚生労働省が5年ごとに実施している「児童養護施設入所児童等調査」の2017(平成29）年度調査結果から養護問題発生理由の主なものをみると、里親委託児の場合は「養育拒否」、児童養護施設児の場合は「父又は母の虐待・酷使」、児童心理治療施設児および児童自立支援施設児は「児童の問題による監護困難」、乳児院児は「父又は母の精神疾患等」が多い。

さらに里親等委託・施設入所時の保護者の状況をみると、ひとり親の割合が高い。児童養護施設入所児童の保護者の状況を例示すると、入所時に「両親又は一人親あり」が93.3%で、その内訳は、「実父母あり」26.3%、「一人親」59.5%（「実父のみ」11.0%、「実母のみ」48.5%）となっている。

保護者自身も心身の問題をかかえていて治療が必要であったり、生育歴の問題や経済的な問題に苦しんでいる場合も少なくない。つまり、支援の際には、保護者の生育歴や家族の歴史、家族間の関係や保護者の社会関係、地域における生活状況、また経済的背景など家族のもつ資源や経験などを含めて総合的な見立てをすることが重要である。

Step 2

1. 要保護児童とその家庭に対する支援の枠組み

生活の場からみた児童・家庭への支援

要保護児童およびその家庭に対する支援は、児童虐待（じどうぎゃくたい）相談の増加とともに、特にその家庭への支援の重要性が指摘されている。児童福祉法制定当初は戦災孤児（せんさいこじ）や棄子（すてご）等、家族のいない子どもが支援の対象であったが、1970年代以降になると、児童養護施設も乳児院も親（両親またはひとり親）のいる子どもがほとんどとなり、近年では、家庭支援という視点での福祉サービスが求められるようになっている。

また、Step 1 でみたとおり、要保護児童は必ずしも施設で生活をしているわけではない。2009年の国連総会による「子どもの代替養育に関するガイドライン」の採択を受け、里親委託が推進され、すでに述べたが、2016（平成28）年の児童福祉法改正により、里親・ファミリーホームへの委託がより推進されている。そこで、以下で児童の生活の場を次の３つに分類し、主な支援について述べることとする。

⑴　家庭養育（実親等による養育）

⑵　家庭と同様の養育環境（里親・ファミリーホーム、特別養子縁組を含む養子縁組）

⑶　施設養護

①大舎、中舎、小舎

②良好な家庭的環境（地域小規模児童養護施設、小規模グループケア：本園ユニットケア・分園型）

家庭養育

まず、「⑴　家庭養育」は、実親等による養育を受けることができる養育環境のことである。ほとんどの子どもは家庭養育という形で生活しており、これらの親子に対しては、情報提供や相談など各種の子育て支援サービスが提供される。しかし、家庭養育の場で、支援を要する家族に対して適用できる福祉サービスは限られており、養育支援訪問事業などアウトリーチ型の支援の拡充が求められている。さらに、保健センターや保育所・幼稚園、学校、児童委員など、身近な機関・施設における日常的な見守りがきわめて重要である。

家庭と同様の養育環境

「⑵　家庭と同様の養育環境」は、里親・ファミリーホームや特別養子縁組を含む養子縁組が該当し、家族的なかかわりを基調としつつ子どもの育ちを支援する場である。2016（平成28）年の児童福祉法改正により、将来的に児童との養子縁組を希望する養子縁組里親も法定化されている。里親・ファミリーホームの養育者、特別養子縁組等の養親（以下、養親）は、「要保護児童を養育することを希望する者」（児童福祉法第６条の４）であって、必ずしも専門家というわけではない。里親や養親に委託される子どもは、虐待を受けた経験などにより、トラウマ（心の傷）をもつ子どもも多く、さまざまな形で育てづらさが出る場合があり、里親等支援の体制整備が進められている。

里親・ファミリーホームや養親の支援は、里親支援専門相談員をはじめとし、児童相談所の児童福祉司や里親会が里親支援の活動を担い、子どもと離れて生活する実親がいる場合、そこへの支援は、児童相談所の児童福祉司が主に担っている。

施設養護

「⑶　施設養護」は入所型の児童福祉施設であり、施設を拠点とし、施設職員および児童相談所の児童福祉司である専門家が子どもの育ちを支援するとともに、家族がいる場合には家族への支援も担っている。

今日、児童養護施設等で生活している児童のほとんどに親がおり、多くの子どもたちが虐待を受けた経験をもつ。「平成29年度児童養護施設入所児童等調査」によると、「被虐待経験あり」は、児童養護施設児65.6％、児童心理治療施設児78.1％、児童自立支援施設児64.5％、乳児院児40.9％、母子生活支援施設児57.7％となっている。児童養護施設児・乳児院児ではネグレクトが、児童心理治療施設児・児童自立支援施設児には身体的虐待が、母子生活支援施設児には心理的虐待が最も多い。

また、特に支援上留意している点は、「精神的・情緒的な安定」「家族との関係」が各施設に共通している。さらに、学業の状況について、児童養護施設児36.5％、児童心理治療施設児57.4％、児童自立支援施設児44.5％に「遅れがある」となっている。

入所児童にあっては被虐待経験に起因する「マイナスからの育て直し」といわれるような対応の難しさがあるとともに、保護者は不安定な生活状況にある場合が多く、その支援には長期的な視点での取り組みが求められる。

2. 要保護児童とその家庭に対する支援のあり方

新しい社会的養育ビジョン

2017（平成29）年８月、「新しい社会的養育ビジョン」が改正児童福祉法（2016（平成28）年）の理念を具体化するため、新たな社会的養育の在り方に関する検討会より提出された。この報告書は“市区町村をベースとした児童福祉を地域で展開し、すべての子ども家庭を支援するために、市区町村におけるソーシャルワーク体制を構築する”という抜本的な内容である。

報告書では、ビジョンの実現に向けた改革の工程として、①市区町村の子ども家庭支援体制の構築、②児童相談所・一時保護改革、③里親への包括的支援体制（フォスタリング機関）の抜本的強化と里親制度改革、④永続的解決（パーマネンシー保障）としての特別養子縁組の推進、⑤乳幼児の家庭養育原則の徹底と、年限を明確にした取り組み目標、⑥子どものニーズに応じた養育の提供と施設の抜本改革、⑦代替養育の場における自立支援、⑧担う人材の専門性の向上など、⑨都道府県計画の見直し、国による支援が示されている。

自治体における支援のあり方

2004（平成16）年の児童福祉法改正により、市町村が児童家庭相談を行う役割が法律上明確化されるとともに、「要保護児童対策地域協議会」が法定化され、2005（平成17）年２月に「市町村児童家庭相談援助指針」が策定された。

その後、「新しい社会的養育ビジョン」により、市町村および児童相談所の強化が盛り込まれ、「市町村子ども家庭支援指針」（ガイドライン）が策定された。各市町村において、すべての子どもとその家庭および妊産婦等を対象とし、福祉に関して必要な支援にかかる業務全般が適切に実施されるよう策定され、「市町村に求められる機能」として、①拠点づくりとコミュニティを基盤にしたソーシャルワークの展開、②子ども家庭支援員等および組織としてのレベルアップ、③資源をつなぐ役割等（コーディネーターとしての機能）、④地域づくり（市町村の体制づくり）、⑤常に生活の場であること（子どもの生活拠点としての機能）が明記された。

市町村においては、要保護児童対策地域協議会が法定化され、要保護児童対策について、保育所・幼稚園、学校、警察、医療機関、保健所などの地域の関係機関が連携する体制が設けられて久しい（児童福祉法の2016（平成28）年改正では、要保護児童対策地域協議会の調整機関への専門職配置が義務づけられた）。

また、改正児童福祉法等の理念のもと、「新しい社会的養育ビジョン」で掲げられた取り組みを通じて子どもの最善の利益を実現していくためとして、厚生労働省は各都道府県・指定都市・児童相談所設置市に対して、2020（令和２）年度から開始する「都道府県社会的養育推進計画」の策定を求めた。この計画は、里親委託率の数値目標等とともに、「子どもの権利擁護（けんりようご）」、「市区町村の子ども家庭支援体制整備」、「里親等委託の推進」、「特別養子縁組の推進」、「施設の小規模かつ地域分散化、高機能化および多機能化・機能転換」、「一時保護改革」、「自立支援の推進」、「児童相談所の強化」といった各般の取り組みが具体的に盛り込まれたものである。

また、2022（令和４）年の改正では、子育て世帯に対する包括的な支援のための体制強化および事業の拡充として、市（区）町村は、こども家庭センターの設置や身近な子育て支援の場（保育所等）における相談機関の整備に努めることになった（2024（令和６）年４月施行）。

虐待を受けている子どもなど要保護児童の早期発見や適切な保護を図るためには、関係機関がその子どもや家族に関する情報や考え方を共有し、適切な連携のもとで対応していくことが重要であり、実質的に機能させていくことが求められる。

施設等における支援のあり方

2016（平成28）年の児童福祉法改正により、乳幼児の家庭養護原則が示されるとともに、施設は「できる限り良好な家庭的環境」でなければならないとされた。

「新しい社会的養育ビジョン」では、児童福祉施設のあり方について、重要な視点は、「個々の子どものニーズに合った養育を行う個別化の具現化である」とし、在宅支援から代替養育まで子どものニーズに応じて継続的・連続的に支援するために、入所機能のみならず、アセスメント機能、相談・通所機能、在宅支援機能および里親支援機能を付加するなど、多機能化することの必要性が述べられている。

乳児院では、家庭復帰、特別養子縁組、里親委託を前提とした一時的・経過的対応として位置づけられるため、施設が里親等と養育チームとして協働すること等が示されている。

児童養護施設等の児童福祉施設は、家庭での養育が困難な子どもなど施設での養育を必要とする子どものための高度な専門性が求められることの指摘がなされている。子どもや家族の個々の支援ニーズに基づいて、治療的養育の提供や家族との関係性の問題等の解決をめざした支援を提供していくことが、今まで以上に求められることになる。さらに、里親や特別養子縁組を含む在宅家庭への支援等を行うなど、その専門性を発揮（はっき）することが期待されている。

Step 3

親子関係再構築支援

親たち・子どもたちのSOSに気づく

親子分離をして施設や里親に養育を委託する場合、子どもは心に大きな傷を負い、回復に時間を要することが多い。そのため、早い段階で必要な支援に結びつけるとともに、保護者に対しても子どもと向き合う方法を学ぶペアレントトレーニングやカウンセリングを行うなどの支援を充実させていくことが必要である。

例えば、児童虐待の背景には、経済的困難があることが少なくないが、貧困は金銭的な問題にとどまらず、親子ともども社会関係や生活意欲に大きく影響を与える。また、親の精神的不安定、養育能力の低下、ドメスティック・バイオレンス（DV）を含む家庭内での複雑な虐待関係など、精神的な負担をかかえるケースは多くなっている。児童虐待が重篤化し発見に至ったあとでは、要保護児童家族の生活問題はすでに重層化している場合が多い。早い段階での支援を実施するためには、当然ながら早期発見が求められる。

そのため、親子分離に至る前のなるべく初期の段階で親もしくは子どもが発するSOSを見逃さないことが、保育所や幼稚園、学校、病院、なかでも保育士をはじめとする子どもや家庭の福祉にかかわる職員には求められている。つまり、親や子どもの変化に気づく日々の観察力が求められるのである。

親子関係再構築支援の種類

親子分離後の親子関係再構築支援は、これまで児童相談所が主導的に行ってきた経緯があるが、「児童福祉施設の設備及び運営に関する基準」において、施設の役割として規定されており、施設と児童相談所がともに取り組む必要がある。

そして「社会的養護の課題と将来像」においても、虐待を受けた児童や虐待を行った保護者に対しての親子関係再構築支援の重要性が示され、2013（平成25）年度には、「社会的養護関係施設における親子関係再構築支援ガイドライン」（厚生労働省雇用均等・児童家庭局家庭福祉課）が作成された。

このガイドラインでは、親子関係再構築は、「子どもと親がその相互の肯定的なつながりを主体的に回復すること」と定義されている。つまり、養育の問題をかかえながら、ともに暮らす家族と、分離中の家族の双方が対象となっており、具体的な支援の種類はガイドラインに次のように示されている。

親子関係再構築支援の種類

○ 分離となった家族に対して

① 親の養育行動と親子関係の改善を図り、子どもが家庭に復帰するための支援

② 家庭復帰が困難な場合は、親子が一定の距離をとった交流を続けながら、納得してお互いを受けいれ認めあう親子の関係を構築するための支援

③ 現実の親子の交流が望ましくない場合、あるいは親子の交流がない場合は、子どもが生い立ちや親との関係の心の整理をしつつ、永続的な養育を受けることのできる場の提供

○ ともに暮らす親子に対して

④ 虐待リスクを軽減し、虐待を予防するための支援

⑤ 不適切な養育を改善し、親子関係を再構築し維持するための支援

⑥ 家庭復帰後等における虐待の再発を防止し良好な親子関係を維持するための支援（アフターケア）

なお、2022（令和４）年の改正児童福祉法では、親子再統合支援事業（都道府県等事業）、親子関係形成支援事業（市区町村事業）が新設された。

親子関係再構築支援に求められるもの

親子関係再構築支援は、分離している児童と保護者への支援を中心に、子どもが施設から家庭に復帰したあとの虐待の再発防止、家庭復帰しない場合でも親子関係の回復のための支援が行われている。さらに親子分離に至る前の段階における親支援、虐待防止のための保護者支援プログラム作成など、施設・機関・市町村がそれぞれの特色を活(い)かした支援に取り組むことが求められている。

このように、親子関係再構築とは、分離した親子が必ずしも再びともに暮らすことのみをめざすものではない。離れて暮らしながらお互いのつながりを肯定的に受け入れる状態になることをめざす場合や、親子がともに暮らしながら、親の不適切な養育を改善し親子関係を再構築する場合もある。このような親子関係再構築を支援するにあたっては、支援者の側が、家族の多様性を理解していることが求められる。

家族の現実は多様であり、「あるべき家族」「理想の家族」との乖離(かいり)に苦しむ人もけっして少なくない。そのため、家族をめぐる多様な現実や多様な考え方があることを要保護児童と保護者に伝えていくことが重要であろう。それには、子どもの支援にかかわる場にいる専門職者が多様な家族について理解を深めることにより、家族観の相対化をすることが不可欠である。

参考文献

- 親子関係再構築支援ワーキンググループ「社会的養護関係施設における親子関係再構築支援ガイドライン」厚生労働省雇用均等・児童家庭局，2014（平成26）年３月
- 新たな社会的養育の在り方に関する検討会「新しい社会的養育ビジョン」厚生労働省，2017（平成29）年８月
- 田中れいか『児童養護施設という私のおうち』旬報社，2021
- 村上靖彦『子どもたちがつくる町——大阪・西成の子育て支援』世界思想社，2021

COLUMN　地域のなかで要保護児童を育む

2016（平成28）年６月に公布された「児童福祉法等の一部を改正する法律」により、社会的養護は、原則として家庭における養育環境と同様の養育環境である里親（さとおや）・ファミリーホームを優先するとともに、施設養護でも小規模グループケアやグループホーム等の良好な家庭的環境において養育されるよう必要な措置を講じることとされた。近年では、里親・ファミリーホームへの委託児童数は増加傾向となっている。

ところが、実際にファミリーホームを運営している養育者から、地域での偏見がひどく、引っ越しを考えているという話をうかがった。非常にショッキングな話であったが、少子社会のなかで、一般市民には上記のような国の方針や地方自治体の動きについての理解が進んでいないことをうかがわせるものであった。「子どもの最善の利益のために」や、「社会全体で子どもを育む」という社会的養護の理念の普及啓発活動にはまだまだ時間も努力もかかることを思い知らされた事例である。

ところで、地域住民に身近な存在でありながら、児童福祉の知識を有し、社会福祉専門職の技術を駆使（くし）して地域の課題の緩和（かんわ）・解決に取り組むことができる人々がごく身近にいることに気づいている人はそう多くない。「保育所保育士」のはたらきに期待したい。

（原　史子）

第15講 子育て支援に関する課題と展望

子育て支援には「顕在的ニーズ」のみならず「潜在的ニーズ」があり、特に保育者には「潜在的ニーズ」を理解することが求められる。また、子育て支援ニーズの多様化にともない、関連する施設・機関も多様化している。そのため保育者には、関連施設・機関と連携する力が求められている。さらに、子育て支援プログラムに関する知識や技術を保育者が身につけ、柔軟に運用する力量をもつことも、今後の子育て支援の課題として位置づけられている。

Step 1

1. 子育て支援ニーズの多様化

子育て支援の「顕在的ニーズ」と「潜在的ニーズ」

子育て支援ニーズとは、保護者等が子育てをするうえで生じる欲求が個人の力によっては充足できていない状態をいう。このニーズを保護者等の自覚の有無によって分類すると、「顕在的ニーズ（保護者等が自身のニーズを自覚してそれを表明している状態）」と「潜在的ニーズ（保護者等は自身のニーズを自覚していないが、専門家等からみるとニーズがあると判断される状態）」とに分類することができる。

2.「顕在的ニーズ」としての子育て支援ニーズ

2015（平成27）年４月にスタートした「子ども・子育て支援新制度」において、市町村は地域の子育て家庭の状況や子育て支援へのニーズを把握し、「市町村子ども・子育て支援事業計画」を作成することとなった。「市町村子ども・子育て支援事業計画」の策定にあたって、国は「市町村子ども・子育て支援事業計画における『量の見込み』の算出等のための手引き」を提示した。本手引では、アンケート調査等の実施によって各市町村の推計児童数と潜在家庭類型から家族類型別児童数を把握することが求められており、この結果をふまえて市町村は子ども・子育て支援事業計画を立案することとなった。これにより、子育て支援の「顕在的ニーズ」が充足されていくことが期待されている。

3.「潜在的ニーズ」としての子育て支援ニーズ

一方で、「潜在的ニーズ」の特徴は「保護者等は自身のニーズを自覚していないが、専門家等からみるとニーズがあると判断される」という点にある。保護者等が自覚していない子育て支援ニーズに関しては枚挙に暇がないが、ここでは「被虐待児とその家族」「発達障害がある子どもとその家族」「外国にルーツをもつ子どもとその家族」という３つの問題を取り上げ、説明する。

被虐待児とその家族の「潜在的ニーズ」

児童虐待に対する対応は以前から行われていたが、「身体的虐待」「性的虐待」「ネグレクト」「心理的虐待」という４つの定義が法的に規定されたのは、2000（平成

12）年に施行された児童虐待の防止等に関する法律によってである。本法律の施行以降、児童虐待に関する社会的な認知が進み、また相談体制も整備されつつある。しかしながら、児童相談所の虐待対応件数は依然（いぜん）として上昇を続けている。

虐待を受けた子どもとその家族のニーズの特徴としては、被害を受けている子どもが自らの状況を周囲に相談することが難しく、また保護者等はその問題を自覚していない、あるいは隠ぺいする傾向があるという点である。柏女（2017）は、子ども家庭福祉において表明されるニーズには、**図表15-1**のような４類型があると指摘している。

まず、保護者にネグレクト（無視・放置）されている子どものニーズを見ていこう。子どもの状態として「顕在化」しているのは「盗み」であるが、その裏にある子どもの気持ちを理解する必要がある。**図表15-1**のように、母親にもっと目を向けてほしいという気持ちが行動の背後に存在することもある。

次に、保護者等のニーズをみていくと、「顕在的ニーズ」としては「子どもを施設で直してほしい」というネグレクト的な無責任さが感じられるが、一方で「潜在的ニーズ」としては、子どもの養育に対する不安感・絶望感が存在していることもあり得る。「顕在的ニーズ」の理解のみならず、「潜在的ニーズ」を読み取ったうえで対応することが、専門家としての保育士に求められているといえる。

発達障害がある子どもとその家族の「潜在的ニーズ」

2005（平成17）年に施行された発達障害者支援法の施行によって、発達障害の定義が法定化され、また発達障害児・者に対する支援体制が整備された。

一方、保育所や幼稚園においては「気になる子ども」という用語が定着しつつある。「知的な面での顕著（けんちょ）な遅れはない」ものの「他児とのトラブルが多い」「多動である」「注意が逸れやすい」「ルールを破って自分勝手に振る舞う」など、保育上何らかの問題がある子どもにこの用語が使用されている。

このような「気になる子ども」の特徴は、一般的な発達障害の行動特徴と類似している印象がある。しかし、子どもが乳幼児であることから、障害があるかもしれ

図表15-1 子ども家庭福祉において表明されるニーズの４類型

	子どもの症状・感得されたニーズ	隠されたニーズ
子どものニーズ	・盗みが止まらない	・お母さん、もっと僕を見て！
保護者のニーズ	・子どもを施設で治してほしい	・もうこの子の養育はできない

出典：柏女霊峰『子ども家庭福祉学序説――実践論からのアプローチ』誠信書房，p.65，2019.

ないが診断がされていない場合や、子どもが示す行動が本当に障害によるものなのか、環境によるものなのか保育所・幼稚園においてはわかりにくいことが多い。そのため「気になる子ども」という言葉が使われているのである。

「気になる子ども」の数を把握したデータは存在しないが、文部科学省が2012(平成24)年に公表した「通常の学級に在籍する発達障害の可能性のある特別な教育的支援を必要とする児童生徒に関する調査結果」が参考になる(**図表15-2**)。本調査結果によると、通常学級に在籍している小学生3万5892人、中学生1万7990人のなかで、学習面や行動面で著しい困難を示すと判断される子どもが約6.5%存在したという。ここから、保育所や幼稚園においてもこれに近い割合の子どもが「気になる子ども」と判断される可能性があると想定できる。

このような子どもの「潜在的ニーズ」に対しては、単に「気になる子ども」としてラベリングするだけではなく、ともに生活をする専門家としての保育者が、当該児童の特徴を理解したうえで、その特徴に応じた保育を行うことが必要である。

また、保護者の「潜在的ニーズ」としては、「子どもの障害を認めたくない」「正式な診断を受けるのが不安である」等の気持ちが存在する可能性がある。保育者は、このような保護者の否認感情や不安を受け止めつつ、子どもに対する早期対応の必要性を伝えていく必要がある。

外国にルーツをもつ子どもとその家族の「潜在的ニーズ」

文部科学省が発表した「日本語指導が必要な児童生徒の受入状況等に関する調査(令和3年度)」によると、日本語指導が必要な外国人児童生徒は令和3年度において4万7627人いて、この11年間で1.7倍に増加している(**図表15-3**)。

少子高齢化が進行する日本では、近年、労働力人口の減少が社会問題となっている。このような状況に対して、国はこれまでは認めてこなかった外国人労働者の受け入れを進めている。2018年のデータによれば、OECD加盟国35か国中、日本は第4位に位置する移民受け入れ国家となっている。

このような外国にルーツをもつ子どもの「潜在的ニーズ」として、家庭内で話される保護者の「母語」と、保育所や幼稚園等で使用される日本語とが異なるという問題が存在する。また、外国にルーツをもつ子どもの保護者の「潜在的ニーズ」としては、「問題を感じているが誰に相談して良いかわからない」「文化的な特質があるため、子どもの就学前の状況に関心をもつことができない」等の問題がある。

これからの日本社会を支える保育者には、このようなグローバル社会における子育て支援の問題に向き合い、支援を行うための知識や技術が求められている。

図表15-2 通常の学級に在籍する発達障害の可能性のある特別な教育的支援を必要とする児童生徒に関する調査結果

	推定値
学習面または行動面で著しい困難を示す	6.5%
学習面で著しい困難を示す 　A：学習面で著しい困難を示す	4.5%
行動面で著しい困難を示す	3.6%
B：「不注意」または「多動性―衝動性」の問題を著しく示す	3.1%
C：「対人関係やこだわり等」の問題を著しく示す	1.1%
学習面と行動面ともに著しい困難を示す	1.6%
A かつ B	1.5%
B かつ C	0.7%
C かつ A	0.5%
A かつ B かつ C	0.4%

出典：文部科学省初等中等教育局特別支援教育課「通常の学級に在籍する発達障害の可能性のある特別な教育的支援を必要とする児童生徒に関する調査結果について」2012.

図表15-3 日本語指導が必要な児童生徒の受入状況に関するデータ

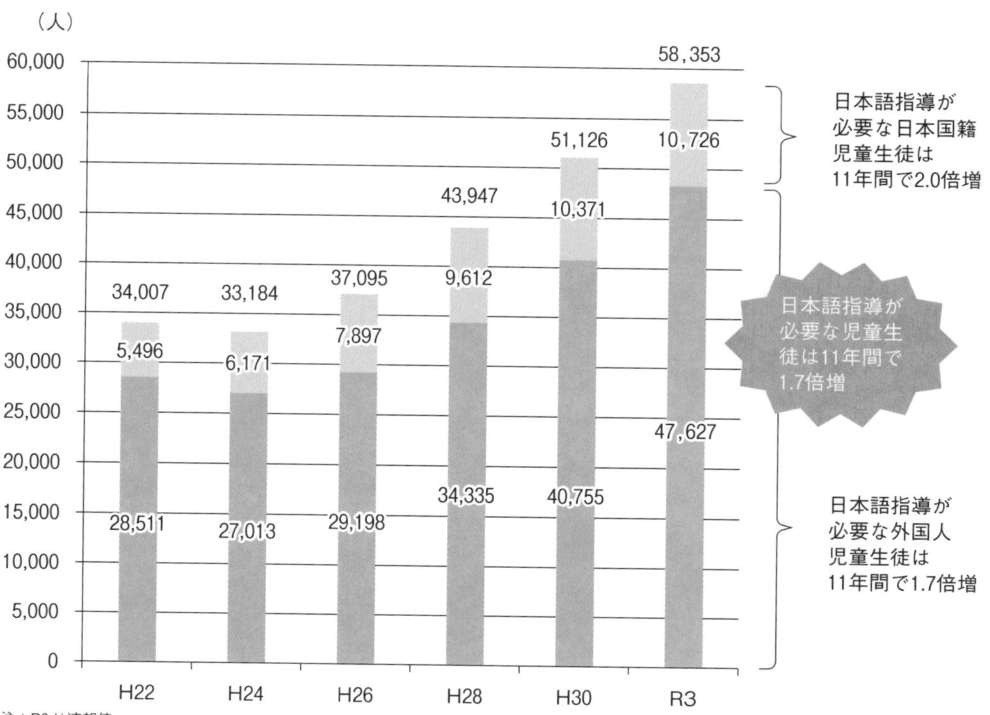

注：R3は速報値
出典：文部科学省「日本語指導が必要な児童生徒の受入状況等に関する調査（令和3年度）」

Step2

1. 連携機関の多様化

2005（平成17）年４月の児童福祉法の改正により、市町村は児童家庭福祉相談の一義的窓口として位置づけられた。この改正にともない市町村には、虐待（ぎゃくたい）を受けるなどして保護が必要な子どもや、養育支援が必要な子どもと保護者、出産前に支援することが必要と認められる特定妊婦を支援するための支援ネットワークである要保護児童対策地域協議会（以下、要対協）の設置が努力義務となった。要対協には、児童相談所、保育所、幼稚園、学校、教育委員会、保健所、病院、警察、福祉事務所、社会福祉協議会、児童養護施設など、子どもと保護者に関係する施設・機関が参加し、情報共有および支援のための役割分担を行っている（**図表15-４**）。

要対協は、年に１～２回開催される「代表者会議」、３か月に１回ほど開催される「実務者会議」、そして必要に応じて開催される「個別ケース検討会議」によって構成されることが多い。特に、子どもと家族に直接かかわることが多い保育士に関しては、管理職とともに「個別ケース検討会議」に参加し、要対協において支援が必要とされたケースに関する情報共有等に参加する可能性があることに注意しておく必要がある。

図表15-4　要保護児童対策地域協議会の構成図

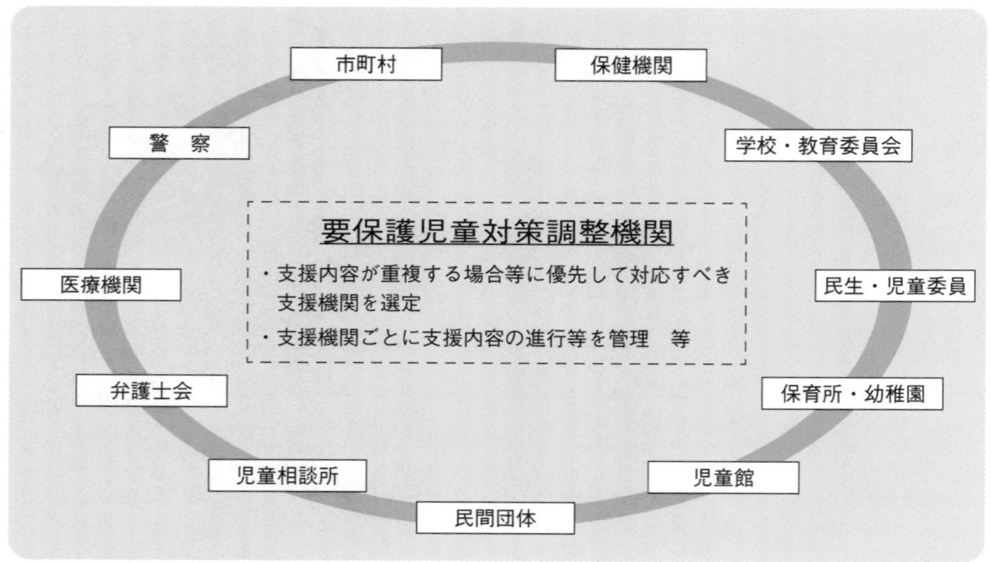

出典：厚生労働省資料をもとに作成。

2.「フォーマルサービス」との連携と注意点

先述の要対協構成施設・機関は、子育て支援の「フォーマルサービス」として位置づけられている。「フォーマルサービス」の長所は、計画的、継続的な利用が可能であり、子育て支援の専門性に特化したサービスを受けることができる点にある。一方、短所としては、利用にあたって契約が必要であったり、柔軟（じゅうなん）な対応を求めるのが難しいといった点がある。

そのため保育者には、所属する施設・機関がどのような「フォーマルサービス」と連携しているのかについて知識をもち、要対協で取り上げるケースおよびその他のケースについても、他の施設・機関と柔軟な連携体制を築いていくことが求められている。

3.「インフォーマルサービス」との連携と注意点

他方、「フォーマルサービス」に位置づけられていない、子育て支援が必要な子どもの家族構成員や友人、地域住民、子育て支援NPO法人や営利団体等を「インフォーマルサービス」と呼ぶ。「インフォーマルサービス」の長所は、「フォーマルサービス」では受けることができない多様なサービスを受けることができる点にある。一方、短所としては、安定したサービスを継続的に受けることが難しい点や、支援の専門性が低い、または地域によって偏りがある点等があげられる。

例えば、子どもの貧困防止のために近年注目されている「こども食堂」などは、ボランタリーに運営されていることも多く、専門的な支援を必要とする子どもと家族の支援に関して高い専門性を求めるのは困難である。

保育者には、担当する子どもとその家族がどのような子育て支援の「インフォーマルサービス」を活用しているのかについても適切に情報収集を行い、「インフォーマルサービス」の支援内容や子どもや保護者の活用状況を理解したうえで、必要に応じて連携していくことが求められている。

さらに、保育者は保護者等の子育て支援ニーズの取得がしやすい立場であるため、市町村社会福祉協議会、民生・児童委員等と連携しながら、当該地域に存在しない「インフォーマルサービス」を新しく創るという役割も期待されている。

Step 3

1. 子育て支援プログラムの導入による支援

欧米からさまざまな子育て支援プログラムが導入されているが、それらのプログラムはテキストや支援方法が具体的に確立されている。支援者養成研修を受けた者であれば、比較的容易に専門性の高い子育て支援を実施できる点が特徴である。

以下に代表的なプログラムとして、カナダにおける親支援プログラムの「ノーバディズ・パーフェクト」と、アメリカにおける親支援のソーシャルスキルトレーニングである「コモンセンス・ペアレンティング」を紹介する。

2. カナダの親支援プログラム「ノーバディズ・パーフェクト」

若年親、ひとり親、孤立している親等への支援プログラムとしては、1987年からカナダ全州で実施されている「ノーバディズ・パーフェクト（Nobody's Perfect）」という子育て支援プログラムがある。

本プログラムは０～５歳までの子どもをもつ親を対象としており、参加者それぞれの悩みや関心について10名前後の小グループで話し合い、テキストを参考にしながら、自分に合った子育ての仕方を学んでいく。親は、保育つきで実施される６～８回の連続講座を実施し、参加者相互に悩みを出し合いながら、自分に合った子育てのあり方を学ぶことができる。

親向けのテキストとしては『PARENTS　親』『MIND　こころ』『BEHAVIOUR　行動』『BODY　からだ』『SAFETY　安全』の５冊のテキストが基礎となっている。2007年には６冊目のテキストとして『FEELINGS』が出版され、日本でも2010（平成22）年に『子どもの感情・親の感情』（遠見書房）として翻訳版が出版された。

プログラム名の「ノーバディズ・パーフェクト」とは「完璧な親なんていない」という意味である。ある特定の価値観から見た「正しい」子育て方法を親に教え込むというアプローチは多いが、「ノーバディズ・パーフェクト」はそれらとは一線を画しており、親が自らの長所に気づき、子育てに対する前向きな展望をもてるように支援する点に独自性がある。

例えば、『PARENTS　親』[*1]の一節は、次のような内容である。

親がすべき「仕事」には２種類あります。

絶対にしなければならないこと
・子どもの食事
・休息
・請求書の支払い

したほうがいいこと
・床そうじ
・ほこりを払う

「これをしなかったら、何かまずいことがおきるか」と考えてみて、もしイエスなら、それは絶対にしなければならないことです。絶対にしなければならないこと、そして家族や友だちと楽しく過ごすことに時間を使いましょう。やったことに対して、よくやったと自分をほめてあげましょう。やり残したことをうしろめたく思うことはありません。

このように、親に「完璧」を求めることなく、親が自らを肯定しながら、子育てに向き合っていくためのヒントが「ノーバディズ・パーフェクト」のテキストのなかに記されているのである。

3. アメリカの親支援のソーシャルスキルトレーニング「コモンセンス・ペアレンティング」

「コモンセンス・ペアレンティング（Common Sense Parenting）」とは、アメリカの児童養護施設、ボーイズタウンで開発された、親支援のプログラムである。

「コモンセンス」とは「当たり前の」「常識的な」という意味であるが、怒鳴ったり、体罰を用いたりせずに子育てを行うためのスキルトレーニングのプログラムが「コモンセンス・ペアレンティング」である。

これまで「しつけ」として保護者それぞれの力量にゆだねられていた「家庭教育」を、子どもに対する「ソーシャルスキルトレーニング」として位置づけている点に、「コモンセンス・ペアレンティング」の特徴がある。そして、「コモンセンス・ペアレンティング」における養育方法そのものも、保護者等に対する「ソーシャルスキルトレーニング」として単なる机上の学びではない形で学ぶことができるようにプ

＊1　ジャニス・ウッド・キャタノ，三沢直子監修，幾島幸子訳『完璧な親なんていない！――カナダ生まれの子育てテキスト』ひとなる書房，p.21，2002.

ログラム化されている。

「コモンセンス・ペアレンティング」は「行動の描写・結果」「効果的なほめ方」「予防的教育法・社会スキル」「問題行動を正す教育法」「自分をコントロールする教育法」「まとめ」の6回のセッションで構成されている。各セッションでは、それぞれのプログラムで学ぶ内容の定義や説明のあと、DVD視聴によってモデリングを行い、ペアレンティング技術のポイントを学んだうえでロールプレイを行う。そして、ロールプレイで身につけたペアレンティング技術を自宅で実践したうえで、次回セッション時に実践状況を報告してもらうという流れとなっている。

例えば、「コモンセンス・ペアレンティング」における主要な養育スキルである「予防的教育法」は、次のように紹介されている。

＜定義＞

期待されていることを練習することで、問題が起きる前に防ぐことができます。

＜ステップ＞

1　適応行動を明確に話す

2　理由を話す

3　練習する

この内容を具体的に学んだうえで、参加者は養育に困難を感じるような場面を設定し、ロールプレイを行う。例えば、スーパーに行くたびに親に無断でおもちゃ売り場に走って行ってしまう子どもに困っている親の場合は、ステップに応じた言葉かけとしては、「たろうくん、これからスーパーに行くんだけど、もしおもちゃが見たくなったら『おもちゃを見に行きたい』と言ってほしいんだ」「そうすると、お父さんと離れ離れになって、迷子にならずに済むからね」「じゃあ、スーパーに着きました、たろうくんはおもちゃ売り場に行きたくなったよ、お父さんに何て言うかな」(たろうくんは『お父さん、おもちゃを見に行きたい』と言いました)「うん、とっても上手にできたね。そういう風に言ってくれたら、お父さんと一緒におもちゃを見に行けるからね」というような流れとなる。

親は、場面に応じたロールプレイを行うことで、実際の場面で活用可能な養育スキルを身につけることができるようになる。

4. 子育て支援プログラムの課題

指導者の養成

子育て支援プログラムは保育所や幼稚園、地域子育て支援センター単位での実施が可能なため、特に保護者支援の観点からは積極的な導入が期待されている。それを実現するためには、子育て支援プログラムを実施する指導者の養成が不可欠である。

「ノーバディズ・パーフェクト」では、親にプログラムを提供する指導者をファシリテーターと呼ぶ。また、「コモンセンス・ペアレンティング」では、指導者の資格取得状況に応じて「初級指導者」と「上級指導者」とに分けられている。「ノーバディズ・パーフェクト」のファシリテーター養成は、NP-Japan および Nobody's Perfect 日本センターが行っている。また、コモンセンス・ペアレンティングの指導者養成は、一般社団法人日本ボーイズタウンプログラム振興機構が行っている。

どちらの研修も、将来子育てに悩む保護者の支援者になりたい学生には参考になる。それぞれの団体の研修内容をホームページ等で確認していただきたい。

プログラムの選択と評価

先述のとおり、子育て支援プログラムには支援者養成研修を受けた者であれば比較的容易に専門性の高い子育て支援を実施できるという長所がある。しかし、支援者養成研修の費用負担の問題や、あるいは著作権等の問題から当該地域の子どもや家族の状況に応じた臨機応変なプログラム変更が困難である等の問題も指摘されている。さらに、特に欧米では新しい子育て支援プログラムが乱立しており、保育者がどの子育て支援プログラムを実施すべきか混乱する状況が生まれつつある。

例えばイギリスでは、このような子育て支援プログラムを評価する組織（Early Intervention Foundation）などが創られはじめている。日本でもこのような機関が構築され、適切なプログラム評価と、プログラム選択のための情報提供を行う機関が必要であるといえる。

参考文献

- Bridget A.Barnes,Steven M.York M.H.D.，堀健一・東野紀江監，久山康彦リチャード・三木身保子訳『ボーイズタウン・コモンセンスペアレンティング幼児篇テキスト』BOYS TOWN PRESS，2012.
- 福島県保健福祉部児童家庭課「福島県発達障がい児「気づきと支援」ガイドライン」2012. https://www.pref.fukushima.lg.jp/uploaded/attachment/80391.pdf
- 伊藤徳馬『マンガでなるほど！　どならない子育て練習帳』主婦の友社，2016.

COLUMN 「こども食堂」と「こども宅食」

「こども食堂」とは、子どもやその保護者、さらには地域の人々などに対して、無料あるいは安価で食事を提供することを目的にした、民間から発生した自主的・自発的な社会運動です。2021（令和３）年12月に特定非営利活動法人全国こども食堂支援センター・むすびえ他が行った調査では、全国で約6000か所のこども食堂が運営されています。

「こども食堂」は格差社会化が進む日本において、子どもや家族の貧困に対する支援策として注目を集めました。一方、「実施情報を集めて利用予約をする過程に高いハードルがある」「差別や偏見の目を気にして、利用できない子どもや家族もいる」「開催される場所に地域的な偏(かたよ)りがある」などの指摘もされていました。

さらに、2020（令和２）年からの新型コロナウイルス感染症のパンデミックにより、会話や団らんを楽しむことがしづらくなり、運営に苦しむ団体も出てきました。

そのようななかで注目を集めるようになったのが、「こども宅食」です。「こども宅食」は生活の厳しい家庭に定期的に食品を届ける取り組みです。食品を届ける活動が子どもや保護者との信頼関係形成につながり、生活状況の見守りや、支援が必要な部分に関してさまざまな社会資源に結びつけるきっかけとなっていきます。

「こども食堂」は支援を必要とする人に来てもらう必要がありますが、「こども宅食」は支援を必要とする人の元に支援者が訪問するという「アウトリーチ型」の支援という特徴をもっています。新型コロナウイルス感染症が続くなかで、「こども宅食」は「こども食堂」に付設する新しい機能として、あるいは「こども食堂」と「こども宅食」のそれぞれの長所を活かした支援方法として注目を集めています。

「こども食堂」は「特定非営利活動法人全国こども食堂支援センター・むすびえ」や「こども食堂ネットワーク」、「こども宅食」は「こども宅食応援団」が全国の団体のネットワーキングを担っています。お近くの「こども食堂」や「こども宅食」を探して、ぜひ利用してみたり、ボランティアとして支援に協力してみてください。

（鈴木崇之）

索　引

あ〜お

か〜こ

さ〜そ

た～と

な～の

は～ほ

ま～も

や～よ

ら～ろ

わ～ん

新・基本保育シリーズ

【企画委員一覧】（五十音順）

◎ 委員長　○ 副委員長

相澤　仁（あいざわ・まさし）	大分大学教授、元厚生労働省児童福祉専門官
天野珠路（あまの・たまじ）	鶴見大学短期大学部教授、元厚生労働省保育指導専門官
石川昭義（いしかわ・あきよし）	仁愛大学副学長
近喰晴子（こんじき・はるこ）	東京教育専門学校副校長
清水益治（しみず・ますはる）	帝塚山大学教授
新保幸男（しんぼ・ゆきお）	神奈川県立保健福祉大学教授
千葉武夫（ちば・たけお）	聖和短期大学学長
寺田清美（てらだ・きよみ）	東京成徳短期大学教授、東京学芸大学講師
◎西村重稀（にしむら・しげき）	仁愛大学名誉教授、元厚生省保育指導専門官
○松原康雄（まつばら・やすお）	明治学院大学名誉教授
矢藤誠慈郎（やとう・せいじろう）	和洋女子大学教授

（2022年12月1日現在）

【編集・執筆者一覧】

編集

松原康雄(まつばら・やすお)	明治学院大学名誉教授
村田典子(むらた・のりこ)	流通経済大学教授
南野奈津子(みなみの・なつこ)	東洋大学教授

執筆者(五十音順)

飯塚美穂子(いいづか・みほこ)	洗足こども短期大学准教授	第2講
泉谷朋子(いずみや・ともこ)	聖隷クリストファー大学准教授	第9講
川向雅弘(かわむかい・まさひろ)	聖隷クリストファー大学教授	第12講
北本佳子(きたもと・けいこ)	昭和女子大学教授	第10講
小久保圭一郎(こくぼ・けいいちろう)	倉敷市立短期大学教授	第6講
佐藤まゆみ(さとう・まゆみ)	淑徳大学短期大学部教授	第3講
鈴木崇之(すずき・たかゆき)	東洋大学教授	第15講
賞雅さや子(たかまさ・さやこ)	仙台大学教授	第8講
田邉哲雄(たなべ・てつお)	兵庫大学教授	第5講
原　史子(はら・あやこ)	高崎経済大学教授	第14講
藤高直之(ふじたか・なおゆき)	立正大学准教授	第7講
松原康雄(まつばら・やすお)	(前掲)	第1講
南野奈津子(みなみの・なつこ)	(前掲)	第11講
村田典子(むらた・のりこ)	(前掲)	第4講
米原立将(よねはら・たつまさ)	流通経済大学准教授	第13講

撮影協力
第6講…第二勝田保育園／さとのもり保育園

子ども家庭支援論 第2版

新・基本保育シリーズ⑤

2019年2月1日　初 版 発 行
2023年1月1日　第2版発行

監　修　公益財団法人 児童育成協会
編　集　松原康雄・村田典子・南野奈津子
発行者　荘村明彦
発行所　中央法規出版株式会社
〒110-0016 東京都台東区台東3-29-1　中央法規ビル
Tel 03(6387)3196
https://www.chuohoki.co.jp/
印刷・製本　株式会社アルキャスト
装　幀　甲賀友章(Magic-room Boys)
カバーイラスト　吉村松子(社会福祉法人 富岳会)
本文デザイン　タイプフェイス
口絵デザイン　株式会社ジャパンマテリアル
口絵イラスト　大山みのり

定価はカバーに表示してあります。
ISBN978-4-8058-8788-2

落丁本・乱丁本はお取替えいたします。
本書の内容に関するご質問については、下記URLから「お問い合わせフォーム」にご入力いただきますようお願いいたします。
https://www.chuohoki.co.jp/contact/